S. Levent Oezkan

Auf dem Pfad der Sufis

Firavarti Verlag

S. Levent Oezkan

Auf dem Pfad der Sufis

Firavarti Verlag

Coverfoto: Tanzende Derwische, Illustration aus einem Manuskript des Divan des Hafiz (um 1480)

Buch- und Umschlaggestaltung: Selim Oezkan, Berlin
Produktion und Vertrieb: CreateSpace, 4900 LaCross Road North Charleston, SC 29406, USA

ISBN-13: 978-1983588037
ISBN-10: 1983588032

www.ewigeweisheit.de

Inhalt

Einführung

Ein Sufi kann sich überall und jeder Form des Umgangs anpassen. Auch wenn die Sufis vor allem in islamischen Ländern leben, sind nicht alle Muslime. Sufismus braucht sich keiner Religion anzupassen. Doch durch seine tolerante Art kann der Sufismus dazu beitragen, dass sich Menschen verschiedener Religionen näher kommen.

Wie unzählige andere Texte über Sufismus, ist auch dieser Text ein Augenzwinkern, um den Suchenden anzulocken und zu führen an einen Ort, wo ein jeder Sufi-Pfad beginnt. Eigentlich lässt sich nicht wirklich über Sufismus schreiben. Man kann nur ein Sufi *sein*. Denn Sufismus ist lebendig und steht für sich. Er braucht nicht Koran, Bibel oder andere heilige Bücher wortgetreu erfüllen. Im Gegenteil macht das Sufitum aus der toten Schrift etwas Lebendiges.

> Einst fragte einer den Sufi Al-Hasan Al-Basri: 'Was ist Islam und was sind die Muslime?' Er antwortete: 'Islam steht in den Büchern und die Muslime sind in den Gräbern.'

Es waren vor allem Sufis die die Religionen in Ost und West in den vergangenen Jahrhunderten immer wieder belebten. Zum regen Austausch zwischen Orient und Okzident trugen die wandernden Sufi-Derwische bei. Sie sprachen mit Menschen verschiedenen Glaubens und erkannten dabei, dass es eine Ewige Weisheit gibt (Sophia Perennis), die hinter allen Glaubensrichtungen und Religionen steht. Wahrscheinlich waren die Ordensgründer neuerer Religionen selbst Sufis – wie etwa jene des indischen Sikhismus oder des Jesidentums.

Der Kern des Sufismus

Ein Sufi sieht sich mit dem allumfassenden Gott in einer Liebesaffäre, in einer Liebe zur Ganzheit allen Seins. Er ist dazu bereit sich der Ganzheit Gottes zu ergeben und sie in sein Herz aufzunehmen. An sich besitzt der Sufismus kein Dogma, keine Formalitäten oder Glaubensbekenntnisse. Sufi sein bedeutet nicht, in erster Linie einer Institution oder einer organisierten Glaubensgemeinschaft anzugehören. Einzige Vorbilder eines wahren Sufi sind die Gottgesandten und Erleuchteten der großen Religionen: Mohammed, Jesus Christus, Moses, Zarathustra, der Mani, der Krishna oder der Buddha.

Es sind nur verschiedene Namen die die Religionen besitzen, doch ihnen allen gemeinsam ist die innigliche Beziehung zu Gott. Nur birgt diese Beziehung auch eine Gefahr: je näher man dem Göttlichen kommt, desto mehr beginnt sich das Ich zu erübrigen. Mit Gott eins zu werden, dass bedeutet für den Sufi zu sterben. Nur so glaubt er wirklich leben zu können.

Für den Sufi beginnt das wahre Leben *nach* dem irdischen Leben, wenn der Körper aus Fleisch und Blut gestorben ist. Unser irdisches Leben ist für ihn nur ein Zwischenstadium. Verglichen mit dem kommenden Leben in Gott, ist das irdische Leben für ihn nur recht mittelmäßig: Es ist das Leben in einem sterblichen Körper der leidet. Der Körper bildet das Gemäuer eines finsteren Kerkers, worin unsere Seele eingeschlossen ist. So ist die Seele alles andere als von göttlicher Ekstase erfüllt. Der Körper der Leidenschaften, den das Ich repräsentiert, steht der Verbindung zwischen Seele und Gott im Weg.

Die Sufis sehen die Sehnsüchte und Leidenschaften ihres Körpers als Hindernisse, die es zu überwinden gilt. Für sie trennt die »Schale des Körper« das Ich vom Du. Auch das universale

Ganze ist durch den Körper getrennt: in ein Jenseits und ein Diesseits.

Der Pfad des Sufi

Wer bereit ist den Pfad des Sufi zu beschreiten, tritt diese Reise an in seinem Herzen. So wie sich eine Rose entfaltet und ihren Duft verströmt, so muss sich das Herz des Suchenden öffnen, muss sich danach sehnen zu suchen – ganz so wie die Blüte sich nach der Biene sehnt, um von ihr bestäubt zu werden.

Wer sich auf den Sufi-Pfad begibt hat sich dazu entschlossen aus dem Schlaf des Alltags zu erwachen. Er will sein Herz erwecken, dass so lange in seiner Brust unbewusst schlummerte. Das ist die Beschreibung dessen, was mit dem Suchenden geschehen muss.

Sufismus ist etwas Zauberhaftes, das nur vom Meister an den Schüler weitergegeben werden kann. Bei dieser Übertragung der Sufi-Tradition berufen sich die Murschids (Meister) auf die Silsila: die spirituelle Kette eines Sufi-Ordens. Sie verbindet alle Generationen von Murschids und Sheikhs miteinander und geht zurück bis auf den Propheten Mohammed. Die so übertragene Tradition zeigt dem Murid (Schüler) den spirituellen Weg: das ist die Tariqa, der Pfad den ein Sufi beschreitet.

Vom Herzen des Murschids (Sufi-Meister) einer Tariqa (Sufi-Orden) wird das Wesen und die Essenz des Sufismus, auf das Herz des Murid (Sufi-Schüler) übertragen. Es ist eine sehr geheimnisvolle Sache, die nicht ohne einen Murschid (bzw. Sheikh) erfahren werden kann. Selbst wenn man alle Bücher über Sufismus auswendig lernte, würde man sich nur in einem Dschungel aus Wörtern verirren. Aus diesem Wald der Unwissenheit soll der Meister einen Novizen führen, heraus aus den Verirrungen des Intellekts, hin zur Weisheit Gottes.

Im Sufismus gilt: wer keinen Sufi-Meister hat, ihn nicht liebt und verehrt, der wird nicht auf den wahren Geschmack des Sufismus kommen. Das bedeutet aber ganz und gar nicht, dass man als Sufi alle anderen Wege als unwichtig oder gar falsch abtun soll – auch wenn das in manchen Ordensgemeinschaften, immer wieder ein Problem darstellt. Ein wahrer Sheikh zeigt seinen Schülern wie sie den Weg selbst finden und worauf sie bei dieser Suche achten müssen. Wie falsch wäre es also, ein Meister machte seinen Schüler von sich abhängig. Dann wäre er nicht mehr als eine Glucke, die ihre Jungen erdrückt.

> Einst ging ein Sufi-Meister zusammen mit einem seiner Schüler auf der Straße, als sie ein wilder Hund anbellte. Wutentbrannt schrie ihn der Schüler an: 'Wie kannst du es wagen dich meinem Meister gegenüber so zu verhalten?' Verwundert bliebt sein Meister stehen und sagte: 'Er ist konsequenter als du es bist. Er bellt wenigstens alle an, ganz nach seiner Gewohnheit und Neigung; während du mich als deinen Meister betrachtest und gänzlich unempfänglich für die Verdienste all der Erleuchteten bist, denen wir auf unserer kleinen Reise bereits begegnet sind. Du hast sie einfach ignoriert!'

Den Weg des Sufis beschreiten muss jeder selbst. Niemand kann das für ihn übernehmen. Die Welt der Wahrheit ist ein Land ohne Wege. Man kann sich der Wahrheit auf keinem bestimmten Pfad nähern. Jeder muss den Zugang zur Wahrheit selbst finden. Ein Sufi-Meister stellt seinem Schüler dazu lediglich die Mittel zur Verfügung und führt ihn an die Schwellen dieses Landes der Wahrheit, von wo aus er dann aber alleine seinen Weg finden muss. In diesem Heranführen jedoch, begegnet der Schüler seinem eigentlichen Selbst, hinter den Fassaden der Person die er glaubt zu sein.

Absurde Ehrfurcht

Seit vielen Jahrhunderten wird religiösen Menschen eingebläut sie sollen Gott fürchten. Bis heute scheint sich daran nichts geändert zu haben. Doch ist es nicht diese Grundhaltung, die aus einem Menschen einen Angsthasen macht – einen »Hoffenden«, der zittert aus Angst vor Bestrafung für seine Sünden? Hoffnung aber ist in Wirklichkeit die kleine Schwester der Angst.

Eine Liebe zu Gott zu entwickeln ist für einen Hoffenden fast gänzlich unmöglich. Wo Angst herrscht, da verschwindet alle Liebe, da überkommt die Menschen Wut und Hass. Vor wem man sich fürchtet, den kann man ganz einfach hassen. Wenn man Gott aber nur fürchtet und nicht lieben kann, wen sonst soll man da noch lieben können? Wer Angst hat vor Gott, ihn fürchtet – wohin führt ihn sein Weg?

Was Menschen lange fürchten, das wollen sie am liebsten vergessen. Wie lange auch soll man etwas tolerieren, von dem einem beigebracht wurde, dass man es fürchten soll? Um sich von dieser Angst zu befreien, haben viele Menschen gegenüber Gott eine Ignoranz entwickelt. Diese Entwicklung sehen wir heute überall. Friedrich

Nietzsches »Gott ist tot« scheint sich damit mehr denn je zu bewahrheiten.

Freiheit ist nur möglich wenn man gänzlich frei ist von Angst. Angst ist Enge. Sie verschließt das Herz des Liebenden. Eben genau darum wollen die Sufis Gott lieben. Denn die Liebe lässt überhaupt keine Angst zu. Liebe zerstreut alle Ängste. Nur mit Liebe ist es möglich die Reise zu Gott anzutreten.

Die Sufis sind Suchende auf dem Weg das innerste Wesen Gottes zu erfahren. Sie wollen Gott begegnen, sich ihm ergeben. Wer aber sich Gott ergeben will, der muss sich zuerst einem Sufi-Meister ergeben können. Hier stellt sich unser Ego in den Weg. Die Bewältigung des Egos, als Hindernis auf dem Weg zu Gott, stand darum in allen Schulen des Sufismus, schon immer an erster Stelle. Novizen lässt man die einfachsten Arbeiten verrichten, um so ihr Ego zu brechen. Sie müssen Toiletten reinigen, den Boden schrubben. Erst dort, ganz unten, ganz nah an den niedrigsten Bedürfnissen die ein Mensch hat, nämlich sich von Last und Schmutz zu befreien, *dort* finden die ersten Schritte seiner langen Reise statt!

Die Bedeutung des Wortes »Sufi«

Der Ursprung des Wortes »Sufi« ist umstritten. Für manche Sprachwissenschaftler besitzt es überhaupt keine Etymologie. Dennoch versuchte man immer wieder das Wort Sufi auf verschiedene Arten zu erklären.

Das es keine stichhaltige Erklärung für das Wort gibt, mag auch daran liegen, dass der Begriff Sufismus nicht von seinen Anhängern eingeführt wurde. Auch wenn es Sufis schon lange vor dem Aufkommen des Islams gab, ist das Wort Sufi eine relativ junge Wortschöpfung, die zuerst 1821 in Deutschland auftaucht. Das Wort wurde von Personen außerhalb der Sufi-Bewegung verwendet, um seine Anhänger zu bezeichnen, denn ein Sufi bezeichnet sich selbst in der Regel nicht als Sufi. Eher würde er über sich selbst sagen, ein Mensch zu sein der die Wahrheit sucht.

Das Sufi-Phänomen ist grundsätzlich nicht definierbar. Und doch ist es voller Bedeutung für den Einzelnen – ja für die gesamte Menschheit. Es gibt eigentlich kein anderes Wort, um das Wesen des Sufismus zu erklären, als das Wort Sufi an sich; es gibt kein Synonym. Man kann als Sufi leben und man kann die Sufis kennen. Doch der

Begriff Sufi ist intellektuell nicht greifbar. Zu wissen was es heißt ein Sufi zu sein, bedeutet das man ein Sufi werden, ein Sufi sein *muss*. Darum ist es zwecklos die Bedeutung des Begriffs in Lexika ausfindig machen zu wollen. Man muss das Wesen des Sufismus schmecken, bevor man erkennt was Sufismus *ist*.

> Ein Sufi zu sein bedeutet alles was sich im Kopf befindet beiseite zu stellen – eingebildete Wahrheiten, Vorstellungen und Konditionierungen – und sich dem zu stellen was einem widerfährt.
> - Abu Said

Die Frage ist also nicht was Sufismus bedeutet, sondern was darüber gesagt und gelehrt werden kann. Und zwar so, dass es auch jeder nach seinem Grad an Bildung versteht. Einfach nur Fakten zu verabreichen ist nutzlos und kann manchmal sogar schaden.

Wenn man erst einmal vom Wesen des Sufismus gekostet hat, wird man durstiger nach mehr und wird ein großes Verlangen nach Gott bekommen.

Das Wort »Sufi« weist in viele Richtungen. Manche Menschen gehen in die eine, andere Menschen gehen in die andere Richtung. Jeder dieser Wege ist für sich einzigartig und schön. Das

Wesen des Sufismus bleibt aber eine Realität ohne Namen und ein Name ohne Realität!

Der Sufismus existierte als Realität, schon lange bevor er seinen Namen erhielt. In dieser Realität, fanden alle Gott-Gesandten, Propheten und Messiasse, Heiligen und Sucher der Weisheit den Sinn dessen, was auch ein Sufi anstrebt.

Wolle als Symbol der Unschuld

Früher pflegten die Sufis Wollgewänder zu tragen. In manchen Sufi-Orden hat sich dieser Brauch bis heute erhalten. Daher versuchen manche das Wort Sufi herzuleiten aus der arabischen Wortwurzel »suf«, Wolle. Wieso aber soll ausgerechnet Wolle ein Symbol für Sufismus sein?

Als sich der Prophet Moses auf dem Sinai der göttlichen Gegenwart näherte, trug er ein Gewand aus Schafwolle. Er war Hirte. Sufis der Shia (das sind die Nachkommen des Kalifen Ali) schrieben über Jesus, dass er während seiner Himmelfahrt ein Hemd aus Wolle trug. Wieso aber ist Wolle von so hohem Symbolcharakter? Der Grund ist einfach: das Wollgewand des Sufis ist Sinnbild der Unschuld, denn Wolle ist das Kleid der Lämmer und ein Sufi erstrebt die Unschuld eines Lamms.

Im Islam wird Jesus von Nazareth als Prophet der Liebe gesehen, weshalb man ihn auch den Propheten der Sufis nennt. Das Neue Testament nennt Jesus nun das Lamm Gottes, das nach seinem unschuldigen Leiden und Tod, erhöht und verherrlicht wird. So soll sich auch der wahre Sufi über alle Erniedrigungen und Leiden erheben und sie trotzdem über sich ergehen lassen. Alle Normen sollen von ihm abfallen, alle Konditionierungen, alles Kulturelle auf ein bestimmtes Volk bezogene Verhalten soll er ablegen. Vor diesem Hintergrund erhellt sich das Mysterium vom Symbol des Wollgewands. Zum Lamm, also zum Tier zu werden, ist in diesem Fall kein Rückschritt. Es ist hingegen ein Aufstieg. Ein Mensch der in diesem Sinne wieder ein Tier wird, wird nicht nur ein gewöhnliches Tier. Vielmehr verwandelt er sich in einen Heiligen, denn durch seine Läuterung wirft er alle menschlichen Eitelkeiten und Konditionierungen ab. Dann ist er weder ein Muslim, noch ein Christ, noch ein Hindu, noch ein Buddhist. Er ist im Einklang mit seiner Existenz, so wie auch jedes Tier mit sich im Einklang ist. Alle philosophischen Konzepte fallen von ihm ab und er verliert seine Meinungen über die Welt. Er lebt nicht mehr in seinen Gedanken: Er *ist*.

Doch was ihn eben vom Tier unterscheidet, ist sein Selbstbewusstsein und die Fähigkeit zur Sprache. Niemals aber würde er sie verwenden, um einen Menschen zu verletzen, als vielmehr seinem Gegenüber direkt ins Herz zu sprechen, so dass es sich freut.

Das ist die Bedeutung des Wollgewandes der Sufis: ein unschuldiges Lamm zu sein, das nicht weiß was Gut und was Böse ist. So kann das höchste Gut in ihm aufsteigen. Wie die Sufis aber sagen, benötigt er hierzu ein Vorbild, durch das er ein wahrer Mensch wird. Ohne Leitbild, ohne Führer bleibt er nur Tier.

Das Gute, das Normale oder das Böse

Solange man zwischen Gut und Böse unterscheidet, ist man mit sich noch nicht eins. Wo es kein Auswählen mehr gibt, da wird gehandelt: nur die Tat zählt! Wer weiß was er zu tun hat, der ist ein wahrer Künstler. Wo man wählt zwischen dem Einen und dem Anderen, da wird man immer dazu neigen etwas zu unterdrücken. Wer entscheiden muss zwischen Gut und Böse, der behält immer auch den bösen Teil in sich, da er ihn kennt und unterdrückt. Doch wie alles was lange unterdrückt wird, wird sich auch das unterdrückte Böse irgendwann durchsetzen und rächen. Sobald das geschieht, verliert ein Mensch seinen Verstand.

Unsere heutige Zivilisation scheint schon ziemlich nah an diesem Abgrund des Wahnsinns zu stehen. Das sieht man vor Allem in den großen Städten. Dort lauern überall Reklametafeln auf denen Menschen mit verzerrten Gesichtern zu sehen sind, die erschrecken oder die verführen wollen. Wer daran keinen Anstoß nimmt, so jemanden nennt die Masse einen »normalen Menschen«. Doch manche dieser Normalen scheinen nicht weit davon entfernt, bald den Verstand zu verlieren. Der Unterschied zwischen dem Leser (und auch Verfasser) dieses Textes und einem Wahnsinnigen ist nicht qualitativ, sondern quantitativ. Das heißt: der Normale unterscheidet sich vom Verrückten nur dem Grade nach. Der Irre hat die Grenze bereits überschritten, während sich der Normale ganz nahe an der Grenze zur Verrücktheit befindet. Jeden Moment aber kann sich etwas ereignen, dass einen normalen Menschen zu einem Psychopathen, zu einem Verrückten macht. Irgendetwas Unerwartetes – ein Unfall, ein Todesfall, eine Entlassung oder eine

Trennung von einem geliebten Menschen, kann dazu beitragen das sich plötzlich alles drastisch verändert. Normalität ist sehr trügerisch!

Wenn Sie sich einmal umschauen: sehen Sie was um sie passiert? Sehen Sie vor allem aber was dabei in Ihrem Inneren vor sich geht? Da sind unzählige Dinge im Leben, in die sie sich verstrickt haben. Dinge die sie gerne bearbeitet hätten, um sie endlich zu vergessen. Es ist eben sehr angsteinflößend und unheimlich, doch es ist da – egal ob Sie es wollen oder nicht. Was Sie unterdrücken wird stärker und wächst in Ihnen heran, zu etwas noch viel Unangenehmerem. Seine Schlagkraft wächst ständig, so dass der Wahn jeden Augenblick in Ihnen zum Ausbruch kommen kann. Der Glaube man sei ganz und gar ein normaler Bürger, ist eigentlich ein Hinweis darauf, dass man sich wirklich am Abgrund des eigenen Selbstbewusstseins befindet. Jedes noch so kleine Ereignis kann eine Verwirrung auslösen. Sobald die vermeintliche Normalität im Lebens einen Schock erfährt, kippt der Schalter – oder zerbricht sogar.

Wer sich also für die »Freiheit der Wahl« als Lebensmotto entscheidet, der muss bestimmte

Dinge im Leben wollen und andere Dinge im Leben verdrängen – eben all das, was er nicht in seinem Leben haben möchte. Und davon gibt es doch unendlich viel – nicht wahr?

Ein unschuldiges Lämmlein aber entscheidet nicht. Vielleicht weigert es sich, doch was auch immer sein mag: für das Tier ist es so wie es ist. Es nimmt das Leben wie es kommt, ohne sich zu fragen was es eher und was es weniger will. Auszuwählen zwischen Gut und Böse ist dem Tier gänzlich fremd. So sollte auch ein Sufi sein: er muss sich nicht entscheiden. Er kennt keinen Plan-B, sondern ist sich vollbewusst ohne entscheiden zu müssen was besser für ihn ist. Was auch immer kommen mag, er wird es als eine göttliche Gabe akzeptieren. Er vertraut nicht seinem Verstand, sondern dem universalen Geist, der in seinem Herzen gegenwärtig ist. Das bringt ihm inneren Frieden und Freiheit. Wie ein Tier zu werden ist darum keine Enteignung gegen die menschliche Würde. Im Gegensatz zum Menschen ordnet sich das Tier der Natur unter.

Wegen seiner Freiheit der Wahl, ist der Mensch in seinem Denken künstlich und formbar. Ständig muss er sich entscheiden, wie er auf äußere

Eindrücke reagieren soll. In seinem Wahn versucht er diese Eigenschaft auch auf Tiere zu übertragen. Die Zuschauer im Zirkus klatschen Beifall wenn ein Löwe durch einen Feuerreifen springt. Dieser Beifall gilt aber nicht etwa dem Löwen, sondern dem Dresseur. Gleicht das nicht einem großen Schwindel?

Wie sehr ähneln die meisten Menschen doch den armen Tieren im Zirkus. Schlimmer noch: Sie wissen ja das Zirkus das lateinische Wort für den Kreis ist – die geometrische Form, entlang sich auch die Insassen eines Gefängnisses bewegen. So drehen wir, mehr oder weniger, alle unsere Kreise, in den von uns selbst geschaffenen Eingrenzungen, die gemauert sind, aus all den verhärteten Meinungen und Ansichten, die wir im Laufe unseres Lebens angesammelt haben.

Wir alle tragen unsere individuellen Masken: das ist unsere Persönlichkeit (lat. *persona*: die Maske). Selbst Liebende, verstecken sich in ihren Rollen hinter einer Maske. Vor Gott aber fallen alle Masken. Aller Schwindel hat dann ein Ende. In dieser urtümlichen Unschuld, die hier bereits ausführlich beschrieben wurde, kommen wir Gott endlich näher.

Auch die Religionen bieten den sogenannten Gläubigen allerhand Maskerade, worin sie sich hüllen und womit sie sich von anderen Religionsangehörigen unterscheiden sollen. Ist der Glaube an Gott, dann aber nicht viel mehr als nur eine Vermutung? Muss jemand der wirklich gläubig ist einem anderen Menschen vorgeben, dass er an Gott glaubt, nur indem er besondere Verhaltensweisen simuliert? Selbst wenn er sich in das Kostüm eines Muslims, eines Juden oder eines Buddhisten werfen würde, stünde er in seinem Glauben und Unglauben vor Gott, trotzdem nur als nackter Mensch. Doch er meint dies und das zu wissen, sagt zu seinen Glaubensbrüdern das eine, zu vermeintlichen Ungläubigen etwas Anderes. Er ist im ewigen Widerstreit zwischen dem was er glaubt und dem was man ihm aufgibt glauben zu müssen. Daher die Misere: man ist geteilt und die maskierten Teile der Persönlichkeit gehen in verschiedene Richtungen. Der eine sucht das Gute, der andere wendet sich ab vom Bösen. Leider aber ist manchmal das Gute das Böse der einen – ein andermal das Böse das Gute der anderen. So sind wir dies und das und doch niemand. Ist ein Tier da nicht gesegnet, da es eben *nicht* unterscheidet? Ein Tier das in der Natur lebt, sehnt sich nicht nach einem großes Haus in dem es leben kann, braucht keinen Fernseher, kein Smartphone, keine teuren Kleider. Es besitzt einfach gar nichts – doch ist dabei voller Frieden und Glück.

Wie also das Tier, ist der wahre Sufi jemand der nicht auszuwählen braucht. Wer auswählen muss, wer abwägen muss, zwischen diesem und jenem, der täuscht sich über sein wahres Selbst hinweg. Alles wogegen man sich entscheidet, alles was man ablehnt gewinnt an Bedeutung. Der Teufel hat sich dem Höchsten verweigert und wurde vom Himmel gestürzt – so die Bibellegende. Er »fiel zu tiefster Grube« (Jesaja 14:15), war ein Deprimierter und Herabgesetzter. So ist es auch mit jenen Dingen, die wir aus unserem Leben verdrängen: sie gewinnen an Bedeutung, je stärker wir sie unterdrücken. Zwar kann der Heuchler eine Zeit lang seine Maske aufbehalten, doch wie uns das Leben zeigt, fallen irgendwann auch die makellosesten und schönsten Masken.

Es geht darum, so wie das unschuldige Lamm, ein ganz einfaches Leben zu führen, ohne unbedingt wissen zu müssen, was gut und was böse ist. Der Sufi versucht nur zu erfahren was Gott ist. Er handelt nicht um seiner selbst willen. Was immer passieren mag: das Schicksal wird als Gabe Gottes akzeptiert.

Safā: Die Reinheit

Es gibt manche, die das Wort Sufi vom arabischen Al-Safā ableiten möchten: die Reinheit. Das meint nicht unbedingt eine äußere Reinheit. Vielmehr ist die Reinheit des Herzens gemeint. Wenn man ein Leben lebt, ohne auswählen zu müssen, zwischen Passendem und Unpassendem, zwischen Gutem und Bösem, dann kann die Seele sich auf natürliche Weise selbst reinigen und befreien, von allen Ängsten, Hass und Furcht. Wenn hier aber von Reinheit die Rede ist, meint das nicht das moralisch Gute. Es ist ein Hinweis auf göttliche Reinheit. Reinheit bedeutet in diesem Zusammenhang ein Übersteigen aller Vorurteile oder Vorstellungen. Es geht um Transzendenz und um eine Reinheit, die nur von jemandem erfahren wird, der ein tiefes Vertrauen in sein Leben hat. So erübrigen sich bestimmte Überzeugungen und Standpunkte.

Solange für Meinungen und Ansichten Platz in unserem Denken ist, erzeugen sie Unreinheit – so die Lehre der Sufis. Zuweilen schaden uns unsere Meinungen. Wenn wir sie äußern, verletzen sie manchmal sogar andere. Zu viele Ansichten und Vorstellungen beschmutzen unser Denken. Wie soll sich damit ein Sufi ein Bild von Gott machen können? Er versucht eher zu vermeiden, viele Ansichten zu sammeln über sich, die Welt und seine Mitmenschen. Er versucht sich nicht in seinen Gedanken Gott und die Engel auszumalen. Nur so bleibt er ein Mensch der tatsächlich in der Realität lebt. Der Sufi weiß, dass da nicht einer irgendwo im Himmel, von seinem Thron aus, auf uns nieder schaut. Nein – er weiß vom hier und jetzt und dass Gott überall zur gleichen Zeit ist, in allen Facetten, Formen, Farben und Erscheinungen, als liebender, zorniger, heilender, strafender, zeugender, tötender Gott – doch gleichzeitig ist Gott nichts von alledem! Wie um Himmels Willen soll man sich Gott dann vorstellen? Welche Ansichten soll man über ihn sammeln? Und wenn in uns die Flamme Gottes flackert: gilt das Selbe dann nicht auch für jeden andere Menschen?

Mit den Augen sehen wir ja nur die Körper unserer Mitmenschen. Sie tragen ihre persönliche Geschichte. Davon bleibt der göttliche Funke in ihnen jedoch unberührt. Er ist unsterblich. Doch diesen göttlichen Funken in unseren Mitmenschen zu suchen und zu erkennen: das könnte eines der zentralen Ziele eines Suchenden sein. In diesem reinen Seelenlicht erkennt einer nämlich, was der Name »Allah« bezeichnet: die Gesamtheit aller Existenz.

> Ich sah meinen Herrn mit dem Auge des Herzens
> und sagte: Wer bist du? Er antwortete: Du.
> - Mansur Al-Halladsch

Wenn man das Wort Sufi nun tatsächlich von Safā, die Reinheit, ableiten will, dann meint das nicht einen Sufi, der ein Mensch mit einem gute Charakter ist oder ein Frommer, der die göttlichen Gebote erfüllt. Ebensowenig steht das Wort Safā für jemanden, der eine hohe Stellung in der Gesellschaft hat. In Wirklichkeit ist ein Sufi das blanke Gegenteil von alle dem. Sufis waren immer Menschen die man der Respektlosigkeit bezichtigte. Bis heute werden sie darum verfolgt, denn mit ihren universellen Sichtweisen stießen sie Menschen immer wieder vor den Kopf. Sufis machen durch ihre Art, andere auf ihre Fehler aufmerksam. Sie entblössen all die Künsteleien der Heuchler. Sie demaskieren und drängen die Leute ihre Masken abzulegen und ein wahrer Mensch zu werden. Damit blieben die Sufis den Obersten einer Gesellschaft immer ein Dorn im Auge.

> Einer fragte einmal den Sufi Mansur Al-Halladsch: 'Was ist die letztendliche Erfahrung zu der ein Sufi gelangt?' Darauf antwortete er: 'Komm morgen wieder! Morgen wirst Du der letztendlichen Sufi-Erfahrung gewahr.' Da aber weder der Frager noch einer seiner Begleiter wussten, was morgen geschehen wird, fragte der Mann erneut: 'Wieso nicht heute?' worauf Al-Halladsch antwortete: 'Du musst einfach nur warten. Es wird sich morgen ereignen – das was man das Endziel des Sufismus nennt.' Am nächsten Tag kreuzigte man Al-Halladsch – und dort am Kreuz hängend schrie er laut für seinen Freund, der ihm gestern die Frage stellte: 'Wo bist Du, der Du Dich in der Menge versteckst? Los komm her und schau was das Endziel der Sufis ist: das hier! Das hier!'

Mansur Al-Halladsch (857-922) wurde die Behauptung ana al-haqq, »Ich bin die Wahrheit«, zum Verhängnis, da Al-Haqq einer der 99 Namen Allahs ist. Im Sinne der Sufi-Tradition könnte diese Behauptung aber als die Eins-Werdung mit Gott interpretiert werden. Doch in der Gesellschaft scheint diese Wahrheit inakzeptabel zu sein. Sie ist eben von Scheinheiligkeit und Heuchelei durchdrungen, ist eine Scheinwahrheit. Muss die Wahrheit also erst gekreuzigt werden, bevor man sie als solche erkennt?

Mit all dem Gesagten scheint ein wahrhaft Gottliebender für die Gesellschaft inakzeptabel zu sein. Die Kirche als Institution und ihre Oberhäupter zu lieben, geht anscheinend immer in Ordnung. Wer in seiner Gemeinde aber laut äußert, dass er Jesus Christus oder Gott liebt, der wird um sich die Augen rollen sehen. Wer sogar wagt zu behaupten er stünde mit Gott in Verbindung oder höre die Stimme Gottes zu sich sprechen, den wird man schnell in die Obhut eines Psychiaters geben.

> Einst betete der Sufi Abu Yazid. Man sagt damals, Gott hätte zu ihm gesprochen: 'nun bist Du Yazid einer meiner Auserwählten. Soll ich es in der Welt verkünden?' Abu Yazid musste lachen und sagte, 'Ja das kannst Du – wenn Du mich am Kreuz hängen sehen willst, verkünde!'

Safā, das »Reinsein« – ist eine Reinheit die besagt, dass der Geist bar jeden Inhalts ist, frei von Konzepten, frei von Gedanken, bar jeder Vernunft. Das ist ein Zustand absoluten Verstehens – was man im Zen-Buddhismus das »Satori« nennt.

Ziel des Sufismus

Zwar haben die Sufis immer ihre Schwierigkeiten mit den Oberhäuptern der verschiedenen Religionen gehabt, doch durch ihr Streben, Gott in allem zu erkennen, war es für sie auch sehr leicht ebenso die Wahrheiten in anderen Traditionen zu sehen. Nur so konnten sie sich zwischen den spirituellen Traditionen bewegen – auf der Suche nach dem Kern aller Religionen.

Bis heute versuchen die Sufis religiöses Gedankengut aus Ost und West zu verbinden. Man kann nicht von einer direkten Absicht sprechen, da Sufis niemanden durch bestimmte Glaubensvorstellungen oder Dogmas überzeugen wollen. Eher ist es ihr Wunsch den wahren Kern aller spirituellen Traditionen als gemeinsame Einheit in allen Religionen zu finden und mit ihren Lehren zu verschmelzen. Sicher tragen viele Sufis ganz unbewusst zu diesem Vorgang bei. Doch es waren die Sufis, die die Berührungspunkte zwischen den Weisheitslehren fanden und dieses Wissen, ihre Erkenntnisse und Erfahrungen, in Rede und Schrift mit ihren Mitmenschen teilten.

Nur das gegenseitige Verstehen ermöglicht eine Rückkehr zum wahren Ursprung aller Religionen. Diese ursprüngliche Einheit zu finden und zu beweisen, war und ist Ziel des Sufitums. Bis dieses Ziel erreicht ist, werden sich aber noch viele Sufis als Nomaden Gottes auf diesem Planeten auf den Weg machen – im Austausch mit anderen, auf der Suche nach Wahrheit.

Ritterlichkeit als höchstes Ideal im Sufitum

Wie im Westen, gibt es auch im islamischen Orient eine ritterliche Tradition. Sie beruht auf drei Grundpfeilern: Rücksichtnahme, Selbsthingabe und Ergebenheit. Danach richtet ein junger Ritter sein rechtschaffenes Leben, als Helfer der Schutzlosen und Unglücklichen. Er lässt Güte walten gegenüber allen Geschöpfen – im Dienste des Allmächtigen.

Das Wort zu halten gehört ebenso zu seinem Ehrencodex wie Selbst-Zurückhaltung. Damit identifiziert er die noblen Qualitäten perfekten Menschenseins, wie sie auch die Sufis anstreben. Ein arabischer Begriff fasst dieses recht edle Lebensbedürfnis zusammen: Al-Futuwwa.

In seiner Grundbedeutung bezeichnet Futuwwa die edlen Eigenschaften eines jungen Menschen guter Gesinnung. Fatā nennt man einen tugendhaften, jungen Menschen, der auf dem Pfad der Futuwwa wandelt folgt. Als verantwortungsbewusster Mann geht er einem Ideal nach, das moderner Weltanschauung vielleicht fremd erscheinen mag. Ein Fatā ist ein Nobelmann der alles gibt, um jemandem großzügige Gastfreundschaft zu erbringen. Auch wenn er für sich nichts weiter hätte, gäbe er trotzdem, wenn nötig auch das, was ihm am liebsten ist, und konsequenterweise sogar sein Leben.

So ähnelt der arabische Begriff Futuwwa in mancher Hinsicht jenen Grundwerten der Ritter des europäischen Mittelalters. Futuwwa ist das Idealbild eines Edelmanns, der sich durch Treue, Tugendhaftigkeit und Tapferkeit auszeichnet – eben jenen Qualitäten, wie man sie auch in der Artus-Legende findet.

Die jungen Männer der Futuwwa sehen in ihrer Tradition eine Entwicklungsstufe auf dem Weg zu Gott. Das Rittertum der Futuwwa, ist ihnen damit gewiss heilig. Aus diesem Bewusstsein heraus, handelt ein Fatā. In seinem Altruismus sähe er am liebsten alle Menschen froh und zufrieden. Der Ethos der Futuwwa ist ein wichtiges Maß guter Führung und ein ganz wesentlicher Aspekt der Menschlichkeit.

> [...] Sie waren Jünglinge (Fitjan, Plural von Fatā), die an ihren Herrn glaubten und denen wir zunehmend Rechtleitung zukommen ließen. Und wir stärkten ihre Herzen, als sie aufstanden und sagten: Unser Herr ist der Herr der Himmel und der Erde. Wir werden außer ihm keinen anderen Gott anrufen, sonst

würden wir ja etwas Unsinniges aussprechen.
- Sure 18:13-14

Die Futuwwa-Bewegung entwickelte sich im Mittelalter aus dem Sufismus, von dessen Ideen durchdrungen. In den Futuwwa-Gruppen pflegte man einen besonderen Ehrencodex. Der folgte dem Vorbild der koranischen Propheten.

Futuwwa ist das ernsthafte Bestreben auf dem Weg zu vollkommener Gottesdienerschaft. Gleichzeitig aber definiert sich Futuwwa auch als Rebellion gegen das Böse. Wobei hier natürlich die Verantwortung des Handelnden eine ganz zentrale Rolle spielt. Schließlich muss der Begriff des Bösen erst als moralisch falsch definiert sein, bevor man gegen etwas vermeintlich Böses vorgeht. Ein wahrer Fatā kann nur aus den moralischen Überzeugungen seiner ritterlichen Ethik handeln. Doch dabei beruft er sich stets auf sein muslimisches Erbe, das ihn zurück verbindet auf die Propheten Abraham, Ismail, Mohammed und die Kalifen Abu Bakr und Hazrat Ali.

Der Schutzpatron der Sufis

Muslimische Ritter suchten nach dem Wort Fatā im Koran, wo sie es mehrfach in der Bedeutung als Jüngling, Knabe, als Diener oder Helfer geschrieben fanden – wie etwa in Sure 21:60:

> Wir hörten sie von einem Jüngling (Fatā) sprechen; man nennt ihn Abraham.

Dieser Vers deutet hin auf den Propheten Abraham. Er hatte in seiner Gemeinschaft die Futuwwa vollendet. Stets versuchte er sein Volk zur Wahrheit zu führen.

Muslimen gilt Abraham daher als wichtigster Prophet der hebräischen Bibel (»altes« Testament). Allah selbst soll Abraham initiiert haben – vermutlich bei der Segnung durch den Priesterkönig Melchisedek im Tal von Joschafat.

Gemäß islamischer Überlieferung, erhielt Abraham vom Erzengel Gabriel jenen geheimnisvollen Stein, der später integriert wurde im Bau der heiligen Kaaba zu Mekka, den sein Sohn Ismael durchführte. So zumindest will es die von Ali ibn Abi Talib (600-661) überlieferte Tradition, die Ismael als Vorfahren des Propheten Mohammed nennt. Jener Ali ibn Abi Talib sollte später zum Vorbild der islamischen Ritter und Sufis werden. Der legendären Überlieferung nach, war Ali der einzige Mensch, der innerhalb der Kaaba in Mekka geboren wurde – in jenem schwarzen

Quader also, dem zentralen Heiligtum des Islam.

Ali war Vetter und Schwiegersohn des islamischen Propheten Mohammed und gehörte neben Abu Bakr, Umar und Uthman, zu den vier Rechtgeleiteten Kalifen.

Ali ibn Abi Talib war ein gefürchteter Krieger, der mehr als einmal sein Leben aufs Spiel gesetzt hatte – zum Wohle des Propheten Mohammed. So verkörpert er für viele Gläubige das Idealbild für Tapferkeit, Güte und Ergebenheit. Daher Alis Ehrentitel Hazrat (heilige Gegenwart) oder Iman (spiritueller Führer).

Hazrat Ali galt Edelmut bei weitem mehr, als nur im Dienste seines Herrn, die Tugenden eines Kämpfers zu wahren. Als solch tugendhafter Beschützer des Islam und edler Ritter der Futuwwa, wurde Hazrat Ali für jeden Fatā zur Leitfigur.

> In einem Gefecht zwischen Alis Heer und den Ungläubigen, hastete ein junger Krieger auf seinem Pferd dem Kalifen entgegen und war wild entschlossen Ali zu töten. Hazrat Alis Herz aber war erfüllt von Mitleid mit dem jungen Mann, der aus recht eigennütziger Motivation seinem Pferd die Sporen gab. Da rief er ihm entgegen: 'Oh junger Mann, weißt du denn nicht, wer ich bin? Ich bin Ali der Unbesiegbare. Keiner kann meinem Schwert entkommen.

Rette dich vor mir!' Doch der junge Krieger ließ sich nicht davon abhalten, weiter auf Ali zornig mit schwingendem Säbel zuzureiten. 'Wieso reitest du weiter', rief Ali, 'Willst Du wirklich sterben?' Da antwortete der Junge, während sich sein Pferd unter ihm aufbäumte: 'Ich liebe ein Mädchen, die mir schwor mein zu sein, wenn ich dich töte.' 'Was aber wenn du stirbst?', fragte Ali. 'Was ist besser als zu sterben für jene, die ich liebe?', antwortete der Junge und fügte hinzu 'Würde ich schlimmstenfalls nicht von den Qualen der Liebe befreit werden?' Als Ali das hörte, ließ er sein Schwert fallen, nahm den Helm ab und lichtete seinen Nacken, wie den eines Opferlamms. Konfrontiert mit einer so ungewöhnlichen Handlung, verwandelte sich die Liebe des jungen Mannes in eine Liebe für Hazrat Ali, und für jenen den Ali liebte: Allah.

Hazrat Ali handelte immer im Namen des Allmächtigen. Nicht der Wunsch nach Ruhm oder Macht trieben ihn an, sondern allein der himmlische Auftrag, den er in sich verspürend zu erfüllen suchte.

Als Gefährte des heiligen Propheten Mohammed befand sich Hazrat Ali auf einem Schlachtfeld, wo er gegen einen Krieger der Feinde des Islam kämpfte. Er war drauf und dran seinen Gegner mit seinem Säbel zu richten. Doch als Hazrat Ali sein doppelspitziges Schwert gegen seinen Feind erhob, spuckte ihm dieser ins Gesicht. Zur größten Verwunderung des Übeltäters aber, ließ Ali sofort den Arm sinken und führte seine Schwertklinge zurück in die Scheide. Er drehte sich, und ließ seinen Gegner unbeschadet auf dem Schlachtfeld zurück. Der Mann aber lief ihm nach und rief: 'Was ist los mit Dir, dass Du nicht zugeschlagen hast?', worauf Hazrat Ali antwortete 'Weil, bevor Du mich anspucktest, kämpfte ich im Namen des Allmächtigen Allah. Doch weil du mich angespuckt hast', sagte Ali, 'durfte ich dich nicht aus Wut richten. Ein Muslim kann nur im Namen Gottes kämpfen, niemals aber zur Befriedigung seiner eigenen Nafs (niederer Teil der Seele, der zum Übel aneifert).' Da erkannte sein Gegner die Vornehmheit und Wahrhaftigkeit der Worte Hazrat Alis. Sofort öffnete sich sein Herz, sich zu ergeben dem Glauben an den Allmächtigen Allah.

Silsila – die spirituelle Kette der Sufi-Sheikhs

Hazrat Ali empfing vom Propheten Mohammed eine besondere Waffe: das doppelspitzige Dhu Al-Fiqar – das Schwert der Wahrheit. Dieser Name sollte Teil des Leitspruches der Futuwwa werden:

Kein Fatā außer Ali.
Kein Schwert außer Dhu Al-Fiqar.

Wer in diesem Sinne sein Schwert führte, so die Ritter der Futuwwa, war ein Rechtschaffener. Er wusste moralisch Wahrheit von Falschheit zu unterscheiden und konnte damit Entscheidungen fällen, die sein Handeln rechtfertigten.

Als Empfänger des Schwertes Dhu Al-Fiqar, wurde Hazrat Ali zum spirituellen Erben der Rechtschaffenen. Darauf berufen sich alle Sufis. Sie sehen sich als die spirituellen Nachkommen Hazrat Alis. Die Sheikhs der Sufi-Orden, sehen sich als Glieder einer goldenen Kette der Kraftübertragung: der Silsila. Über diese spirituelle Kette, ist der Sheikh eines Sufi-Ordens (Tariqa) über frühere Generationen von Weisheitslehrern, verbunden mit Hazrat Ali und dem Propheten Mohammed. Das Selbe gilt für die islamischen Ritter der Futuwwa, die ihren Schutzpatron verehren in Hazrat Ali. Eine Ausnahme bildet der im usbekischen Buchara gegründete Sufi-Orden der Naqschbandiyya, der sich auf den Kalifen Abu Bakr beruft. In dieser Tradition der Silsila auf jeden Fall, erhielten alle kommenden Generationen die islamischen Ritterwürden der Futuwwa.

Die Initiation

Eine besondere Einweihungstradition machte aus den Fitjan (Ritter der Futuwwa) Menschen, die sich von herkömmlichen Gläubigen unterschieden. Nur Männer aus ehrenwerten Familien und mit ordentlichen Berufen wurden aufgenommen – eben so, wie es ja auch in christlichen Ritterbünden geschah. Da die Futuwwa-Bünde mit den Handwerker-Gilden verbunden waren, ähnelten sie damit gewiss auch den Freimaurer-Bruderschaften.

Bei der Initiation in die Futuwwa wurden besondere Zeichen und Symbole übertragen. Wer diese Geheimnisse der Bruderschaft erfahren hatte, den gürtete (shadd) man und bekleidete ihn mit einer besonderen Hose: der Sarawil Al-Futuwwa. Diese Tradition hat ihren Ursprung vermutlich im alten Persien, wo man in der Initiation, die Feuerpriester mit dem Band des Zarathustra gürtete. Im Anlegen der sakralen Kleidung lag natürlich eine noch tiefere Bedeutung.

Die Hose verhüllte die Scham des Initianden, wo sich ja der Bereich stärkster menschlicher Begierden befindet. Wenn diese nun bedeckt wurde, durch das, wodurch man das ritterliche Gelübde ablegt, hütete man sich sie in einer Versündigung vor Gott zu entblößen. Die Sarawil Al-Futuwwa war damit auch ein Symbol für die Abkehr von unmoralischen Taten. Auch die Sufi-Orden pflegen in ihren Initiationen ein Bekleidungsritual, wo man den erwählten Nachfolger des Sufi-Sheikhs in dessen Mantel hüllt.

Nachdem der ritterliche Initiand also bekleidet wurde, reichte man ihm einen Becher mit gesalzenem Wasser (Ka's Al-Futuwwa). Das Trinken aus diesem Becher galt als Zeichen der Loyalität des neu eingeweihten Fatā.

Man muss natürlich von der besonderen Bedeutung des Wassers wissen. Es ist das, woraus alles Leben entsteht, das sich in der Mondsphäre befindet und von dort den lebenspendenden Regen auf die Erde bringt. Aus dem Wasser, dem Ursprung allen Lebens, entstehen die Menschen, Tiere, Pflanzen und Mineralien:

> Und wir machten aus dem Wasser alles Lebendige.
> - Sure 21:30

> Erschaffen ward er (der Mensch) aus einem sich ergießenden Wasser
> - Sure 86:6

Darüber hinaus ist Wasser natürlich das wichtigste Mittel zur Reinigung.

> Und wir senden reines Wasser aus den Wolken nieder, auf dass wir damit ein totes Land lebendig machen und es unserer Schöpfung zu trinken geben – dem Vieh und den Menschen in großer Zahl. Und wir haben das

Wasser unter ihnen verteilt, um sie zu ermahnen.
- Sure 25:48-50

Der 21. Vers der Sure 76 sagt außerdem:

Ihr Herr hat sie getränkt mit dem reinigenden Trunk.

Das Salz das im Wasser dieses reinigenden Initiationstrunks gelöst ist, steht für die Beförderung der Wahrheit, die sich damit auch im ganzen Körper verteilt. Die Einnahme des salzigen Trunks beförderte den Eid, den der Initiand durch den Vertrag mit seinem Orden abgab. Auch sah man im Salzwasser ein Mittel zur Abwendung des Bösen, bewirkt doch das im Blut und in den Körpersäften gelöste Salz, dass die Stoffe in die Körperteile hindurch befördert und damit dämonische Kräfte ausgetrieben werden. Für den Initianden galt das als Hinweis darauf, dass ein Fatā gegenüber Widerwärtigkeiten und schädigenden Wirkungen geduldig bleiben muss. Selbst wenn er sich vor den Heimsuchungen Gottes bedroht fühlt, soll er stets für seine anderen Wohltaten danken und in jener »Weite seiner momentanen Enge« geduldig ausharren.

In allen Sufi-Orden spricht man vom »Schmecken« der Geheimnisse. Darum spielt bei den Sufis die Austeilung von Speise eine wichtige

Rolle. Die Sufis des Naqshbandiyya-Ordens, reichen den Schülern nach der Unterredung (Sohbet) mit dem Sufi-Scheich, eine Prise Salz zu kosten, bevor man gemeinsam isst.

Im muslimischen Sprachgebrauch sagt man über das Salz:

> Der bewahrt das Salz dass die Freundschaft erhält, und der lässt das Salz verlorengehen der sie nicht erhält.

Ritterlichkeit und der spirituelle Weg

Mit diesen Einweihungsriten, verbreitete sich die Futuwwa im islamischen Mittelalter. Im 10. und 11. Jhd. wurde sie sogar zum Ideal der persischen Fürsten.

Was den Fatā von anderen Menschen unterscheidet, ist seine Aufopferung und Hilfsbereitschaft für andere. Der usbekische Universalgelehrte Al-Biruni (972-1048) schrieb in einem seiner Bücher über die Ritterschaft der Futuwwa:

> Die Muruwwa (Tugenden) beschränkt sich auf den Menschen, und zwar in Bezug auf sich selbst, seine Familie und seine Lage. Die Futuwwa hingegen, geht über ihn und diese Muruwwa hinaus zu anderen Dingen.

Muruwwa steht für das innere Tun des Guten – Futuwwa für das entsprechend äußere Tun und die Enthaltung vom Schlechten. Die Sufis entwickelten hieraus den Begriff der Futuwwa weiter. Das Wesen der Futuwwa basierte für sie auf einem allgemeinen Altruismus (Itar), wo man seinen Mitmenschen in allem den Vorzug vor sich selbst gibt. Der ritterlich gesinnte Sufi gibt überhaupt immer, nimmt nie und stellt sich selbst vor dem Feind zurück (wir erinnern uns an die oben geschilderten Episoden über Hazrat Ali). Damit wurde Futuwwa für die Sufis, als Freunde Gottes, ein ganz einzigartiger Ehrencodex.

Im Glauben eines wahren Sufi, hatte Gott den Menschen für sich geschaffen, als sein höchstes und schönstes Geschöpf. Ein Sufi versucht darum alle unangemessenen Einstellungen abzulegen – gegenüber anderen Menschen und gegenüber sich selbst. Daher versucht er mit all seiner Macht, immer und unter allen Umständen, sich anderen Menschen gegenüber angemessen zu verhalten.

Die noblen Qualitäten der Ritter der Futuwwa

Zwischen dem 10. und 11. Jhd. entstand eine in

Sufi-Kreisen wichtige Schrift: das Kitab al Futuwwa (Buch der Ritterlichkeit). Es geht zurück auf den Sufigelehrten As-Sulami (942-1021), die vielen Sufi-Bruderschaften als Grundlagenwerk galt. Diese mittelalterlichen Abhandlungen über die Futuwwa hatten keinen literarisch hohen Anspruch, sondern dienten eher praktischen Unterweisungen, die organisatorische Zwecke erfüllten und die Bedingungen für die Sufi-Initiation beschrieben.

Auch viele andere Sufis widmeten in ihren Büchern häufig ein ganzes Kapitel der Futuwwa. So auch die »Sendschrift an die Sufi-Genossenschaften«, die Mitte des 11. Jhd. der persische Sufi Al-Qusairi (986-1072) verfasste. Es ist eine Zusammenstellung von Futuwwa-Sprüchen großer Sufis – unter ihnen der Magister Magnus religiöser Toleranz: der iberisch-maurische Ibn Arabi (1165-1240). In seinen »Mekkanischen Eröffnungen« schrieb auch er ausführlich über die Futuwwa.

Die Essenz der Futuwwa, ist eigentlich eins mit der Tradition des heiligen Propheten Mohammed. Wer darum an dieser Tradition festhält, und sie in seinem alltäglichen Leben zu integrieren weiß, der kann sich getrost als Fatā bezeichnen.

Was aber zeichnet einen Fatā aus? Dazu seien einige Zeilen aus einem Buch des Weisen Al-Qusairi wiedergegeben, der darin die Großen seiner Zeit zu Wort kommen lässt:

> Fatā ist derjenige, der keinen Widersacher hat und der für niemanden Widersacher ist.
>
> Futuwwa besteht darin, dass du ein Widersacher zugunsten deines Herrn wider dich selbst bist.
>
> Futuwwa besteht darin, dass es dir gleich ist, ob einer ständig bei dir wohnt oder dich plötzlich besucht.
>
> Futuwwa besteht darin, dass man nicht flieht, wenn ein Bettler naht.
>
> Futuwwa besteht darin, dass man keinen Unterschied macht, ob ein Heiliger bei einem isst oder ein Ungläubiger. So gibt es die Legende, dass einst ein Zoroastrier den Propheten Abraham um Gastfreundschaft bat. Da sagte dieser zu ihm: 'Ja, unter der Bedingung das du Muslim wirst.' Da ging der Zoroastrier weg. Dann offenbarte Gott dem Abraham: 'Seit fünfzig Jahren ernähren wir ihn trotz seines Unglaubens; hättest du ihm doch einen Bissen gereicht, ohne von ihm eine Änderung seiner Religion zu verlangen!' Da ging ihm Abraham nach, bis er ihn einholte und entschuldigte sich bei dem Mann. Darauf befragte der Zoroastrier Abraham über den Grund seiner Umkehr, worauf ihm Abraham antwortete was er von Gott erfuhr. Da

nahm der Zoroastrier die Religion des Islam an.

Letztendlich ist Futuwwa ein Name, der sich auf verschiedene Arten und Weisen definieren lässt. Nie würde ein wahrer Fatā einen armen Menschen verachten oder im Gegensatz dazu, sich durch Reiche und deren Reichtümer verführen lassen. Ein Fatā ist ein gerecht handelnder Mann, der allen Menschen respektvoll begegnet – ohne aber selbst Gerechtigkeit von seinem Gegenüber zu verlangen. Stets pflegt er rücksichtsvoll den Umgang mit seinen Mitmenschen. Er lebt sein Leben als schonungsloser Gegner des eigenen fleischlichen Selbst. In seiner Ritterlichkeit hat er sich losgesagt aus den Fängen fleischlichen Verlangens und lebt ein reines, spirituelles Leben. Einer aber, der größtenteils den Versuchungen des fleischlichen Selbst unterliegt und den Begierden und Gelüsten nach weltlichem Vergnügen, der wird den Gipfel der Futuwwa nie erklimmen.

Ein Fatā-Ritter ist seinem Gott, dem allmächtigen Allah treu ergeben. Stets sucht er Allah durch seine guten Taten, Gedanken und Gefühlen zu erfreuen. Reue plagt ihn, wenn er auch nur die kleinste Sünde begeht. Stets aber schaut er über die Fehler seiner Mitmenschen hinweg – ganz gleich wie schlimm sie auch gewesen sein mögen.

Komm, komm wer auch immer du bist.
Wanderer, Verehrer, Freund des Verlassens.
Es ist ganz gleich.
Wir müssen uns nicht der Karawane der Zweifel anschließen.
Komm, selbst wenn du deine Eide tausendmal gebrochen hast.
Auch dann komme wieder, komm nur, komm.
- Mevlana Dschallaladin Rumi

Sufi oder Fatā: beide sehen sich als demütige Diener, während sie stets in anderen das Heilige zu entdecken suchen. Ein Fatā verurteilt niemanden, doch hält selbst zu denen weiterhin Verbindung, die ihn verurteilen.

Der Fatā bleibt freundlich auch dann, wenn ihn einer verletzt. Als erstes dient er Allah und den Menschen, bevor er irgend sonst etwas tut oder daran denkt sich selbst zu helfen. Auch wenn das auf den ersten Blick ganz unmöglich oder sogar schönmalerisch erscheint: der Fatā hat sich diese Tugenden mühsam, über sehr lange Zeit durch ungeheuerliche Disziplin angeeignet. Die fünf täglichen islamischen Pflichtgebete verrichtet er konsequent.

Ein wahrer Fatā setzt andere stets an erste Stelle, selbst wenn es längst an der Zeit wäre, die eigenen Verdienste belohnt zu sehen.

Zu werden was man schon immer ist

Der große persische Sufi-Meister Muhammad Al-Ghazali (1058-1111) erinnert uns:

> Diese Welt ist nicht das wahre Zuhause unserer Seele. In dieser Welt ist sie nur ein fremder Gast.

Unser Lebensweg führt uns vom Menschen der wir sein könnten, zum Menschen der wir tatsächlich sind. Es ist ein Weg in die Wahrheit, der, wie Al-Ghazali meinte, durch sieben Täler führt. In seinem Werk, »Der Pfad der Gottesdiener«, Minhag Al-Abidin, wird eine Art Landkarte beschrieben, eine Hilfe für den Sucher der Wahrheit, sich auf dem Weg zu orientieren, hin zu einem neuen Geistesleben.

Einer der über das Maß der Durchschnittsgläubigen hinaus will, findet im Buch Minhag Al-Abidin einen Weg, auf dem er sich aus dem gewöhnlichen Leben, tatsächlich zu wahrer Spiritualität erhebt. Dieser Weg aber ist steil und schwierig zu beschreiten. Überall lauern Gefahren. Es tun sich Widerstände auf und es kommt gelegentlich sogar zu Unfällen. Manch einer der auf ihm ging, verirrte sich.

Die Seele des Menschen bewegt sich durch sieben Täler. Man kommt von der Kuppe zur Senke, durchläuft in Abstieg und Aufstieg, sieben Phasen einer inneren Reise. Ist der Aufstieg vollbracht, schaut man vom Gipfel ins nächste Tal. So kommt man voran, bis das siebente Tal erreicht ist. Hier endet die Lebensreise unserer Menschenseele. Sie löst sich auf, in größter Wonne und wird in der großen Weltseele wiedergeboren. Solange ein Mensch diesen Zustand aber nicht erreicht, das siebte Tal nicht durchquert hat, solange kümmern ihn noch Sorgen.

Wer den Weg beschreiten will, darf sich nicht verlieren. Er soll nicht an den Erscheinungen haften, die in den sieben Tälern auftauchen. Doch er soll sich immer weiter bewegen, ohne zu vergessen, dass er auf dem Weg ist. Nur so kann er den Scheitelpunkt zwischen dieser und der kommenden Welt erreichen. Der Sucher der Wahrheit muss sich das immer wieder vergegenwärtigen.

Auf dieser Reise ist vor Allem eins wichtig: Zurückhaltung. Zwar soll der Sucher aufmerksam bleiben, doch stets Distanz wahren. Wer sich von seinen Erlebnissen nicht einfangen lässt, wird die

Talsenke auch wieder verlassen können. Am Ende des Tales, auf der Kuppe, feiert man das Eintreffen der Suchenden in einem großen Fest. Schließlich soll man sich stärken, denn das Ende des einen Tales ist ja der Eintritt in das nächste.

Jedes Tal hat seine Reize und Verlockungen. Drum ist es sehr wahrscheinlich, dass sich der Seelenwanderer darin verliert, wenn er an den darin erlebten Dingen und Ereignissen gefallen findet. Erst also, wenn er sich von den Verlockungen lossagt, kann er alle sieben Täler passieren. Dann hat der Wanderer sein wahres Selbst wiedergefunden, sein eigentliches Sein zurückerlangt. Im siebten Tal fallen alle Paradoxa von ihm ab, alle Anhaftungen und aller Kummer lösen sich auf. Diesen Zustand nennt man im Osten Buddhaschaft, im Westen das Christus-Bewusstsein und bei den Sufis Fanaa Fillah. In dieser letzten Phase der Reise, löst sich das Selbst des Suchers auf und er kehrt zurück in die ewige Einheit mit Gott.

I. Das Tal des Wissens

Alles beginnt mit dem Wissen. Das Leben des Menschen bestimmt eine Tatsache: er weis. Tiere haben dieses Wissen nicht. Nur der Mensch sammelt Wissen, spricht, ließt und schreibt. Was den Menschen vom Tier unterscheidet, ist also die Schrift und die darin abgefassten Theorien. Das einzig Negative: der Mensch kann sich in seinem Wissen verlieren und was Klugheit war, schlägt um in Verschlagenheit. So jemand hat den wahren Sinn hinter dem Wissen vergessen und versucht alles an seinem Wissen festzumachen und damit zu beurteilen. Zu viel Wissen aber bindet, verunsichert und macht starr und unbeweglich. Die Versuchung aber ist groß, immer und immer mehr Wissen erlangen zu wollen. Irgendwann ist man ein großer Gelehrter. Ein Wissender zu sein ist jedoch etwas vollkommen anderes. Denn der Pfad des Wissenden unterscheidet sich vom Pfad des Wissens.

Was aber ist der Unterschied zwischen einem Wissenden und einem der viel weiß?

Zum einen gibt es Wissens-Inhalte: man weiß etwas. Anderseits gibt es ein Bewusstsein, in dem sich der Wissende spiegelt. Das heißt, wer zu sehr in Inhalten verhaftet ist, statt seine Erkenntnisfähigkeit zu schulen, wird sich in diesem Tal des Wissens verirren. Wer über all die vielen Inhalte der Welt bescheid weiß, der verstrickt sich schnell in alle möglichen Meinungen. Wem viel an Klugheit liegt, wird das erste Tal aber niemals verlassen können.

Je mehr man weiß, desto leichter können einen Dinge verwirren, die sich mit diesem Wissen nicht vereinbaren lassen. Stündlich werden es mehr. Die Möglichkeiten zu entscheiden, was wahr und was falsch ist, wird zusehends komplexer. Jede Wahrheit birgt eine Unwahrheit. Da denke man an all die unzähligen Gesetzbücher, die im Laufe der Geschichte immer wieder revidiert, ausgetauscht und erweitert werden mussten. Selbst wenn das Wissen immer weiter wächst: es bleibt doch begrenzt. Es besteht schließlich auch aus Buchstaben – die nur einen begrenzten Raum einnehmen können.

Alles was einem mit logischen Mitteln aufgetischt wird, scheint auf den ersten Blick richtig zu sein. Daher vertrauen viele materialistisch geprägte Menschen Computern heute mehr zu, als ihren Mitmenschen. Man veröffentlicht dies und das im Internet, meist anonym. Oft sind es Dinge, über die man mit seinen Freunden und Liebsten, niemals sprechen würde!

Doch wenn es nun kein Kriterium gibt, was

etwas als richtig oder falsch beurteilt? Muss man das Gegebene dann nicht als richtig einordnen?

Hiervon rührt die Verwirrung so vieler Menschen: Sie folgen ein paar Monate dieser Schulrichtung, dann einer anderen. Sie gehen zu einem Zen-Meister, danach zu einem Kabbalisten, dann besuchen sie einen christlichen Eremiten und hernach suchen sie einen Sufi-Meister auf. Jeder von ihnen spricht die Wahrheit. Mit Büchern ist es nicht anders. In vielen Büchern findet man Wahrheiten. Selbst wenn sie sich widersprechen, sind sie in sich schlüssig – sie haben ihre eigene Logik.

Wer aber immer nur mehr Wissen sammelt, selbst die schönsten Weisheiten auswendig lernt, wird doch nicht mehr als nur immer weitere Widersprüche anhäufen. Was bleibt ist Verwirrung. Und wer verwirrt ist, der sucht nach Ausflüchten. Man kann durch mehr Wissen eben keine Weisheit erlangen. Wer alles zu wissen glaubt, weiß eigentlich nichts – denn niemals wird er alles wissen! Er bleibt so klug wie am Anfang. Mehr Wissen wird ihn immer mehr behindern.

Wer das Tal des Wissens durchschreiten will, sollte sich daher nicht mit den vielen Wissensinhalten beschäftigen, sondern seine Erkenntnisfähigkeiten trainieren. Es geht nicht darum viele Dinge zu wissen, sondern bewusster zu leben. Der Wert liegt im Erleben, nicht im Erlernen! Das erkennend, gibt sich der wahrhaft Wissende zufrieden.

All das hier Gesagte hat nichts mit Meinungen oder Glaubenssystemen zu tun. Man kann einfach wissen, um bewusst zu sein – denn jedem steht unermesslich viel Energie zur Verfügung. Es geht aber um den Ge-halt dieses Bewusst-Seins, weniger um den Inhalt. Was zählt ist die Wirkung der Erkenntnis, nicht das Wissen davon. Das ist ein feiner, aber überaus wichtiger Unterschied. So verirrt sich also im Tal des Wissens derjenige, der sich nur mit den Inhalten des Wissens beschäftigt. Nur ein Wissender findet den Weg in das zweite Tal.

II. Das Tal der Reue

Mit der Suche nach unserem wahren Ich, beginnt die Reue über alles was wir taten, doch besser unterlassen hätten. Plötzlich erkennen wir die Fehler die wir in unserem Leben begingen. Doch das Rad der Zeit lässt sich nicht mehr zurückdrehen.

Im Tal der Reue begegnet man einer weiteren Form des Bewusstseins: dem Gewissen. Wenn dieses Bewusstsein aber an Gesellschaftsnormen geknüpft ist, fehlt's ihm an Gehalt. Es bleibt dann unecht und macht wahre Bekehrung unmöglich. Schließlich haben wir gelernt, von unseren Mitmenschen, Lehrern, Vorgesetzten, von Politikern und anderen »Meinungsbildnern«, was recht und was schlecht ist, was moralisch und was unmoralisch ist. Wie aber soll sich daraus wahres Gewissen bilden?

Auf dem Weg durch das Tal des Wissens lernt man zwischen Gutem und Bösem zu unterscheiden. Doch wieviele Leute haben unter uns gelitten, weil wir gemäß solchen Wissens über sie urteilten? Auch gegen uns selbst gingen und gehen wir vor, wegen all der vielen Meinungen die aus dem Wissen aufsteigen. Sie ziehen sich in uns zusammen und werden zu Neid, Eifersucht, Ärger und Aggression. All das sehen wir im Tal der Reue vor uns. Wir haben gestraft, Gewalt ausgeübt, gehasst und verleumdet – fehlgeleitet durch unser vieles Wissen.

Dieses Bewusstsein entwickelt sich im Tal der Reue. Hier entsteht wahres Gewissen. Es hat nichts mit dem gewöhnlichen Gewissen zu tun, denn solches wurde uns aus gesammeltem Wissen anderer eingeflößt, als geborgtes Gewissen. Darum glaubt man oft recht zu handeln und doch sieht man hinterher: es war falsch. So viele wissen dass es falsch ist sich zu ärgern und doch ärgern sich so viele. Auch geborgtes Gewissen hilft uns dabei nicht. Es ist nur eine Bürde. Wir müssen daher ein eigenes, intuitives Gewissen in uns wachsen lassen.

Raus aus den Schuldgefühlen

Das »schlechte Gewissen« beruht auf Irrannahmen und birgt die Gefahr, sich im Tal der Reue zu verirren. Es erzeugt Sorgen, die aus Schuldgefühlen gewachsen sind – Schuldgefühlen die man aus der Vergangenheit hierher mitgebracht hat. Man hat einst vielleicht jemandem weh getan, jemanden verletzt, ausgebeutet oder verleumdet. Doch wenn man davon ausgeht, dass die Seele seit tausenden Jahren in dieser Welt unterwegs ist: ist es da nicht absurd zu bejammern, was man in den letzten Jahren, letzten Monat, was man gestern erlebte? Wie hätte man auch recht handeln sollen, als man noch nicht gewusst hat was rechtens war?

Ewiges Bedauern schafft nur noch mehr Schuldgefühle, die einen nach und nach, in einen dunklen Abgrund hinabziehen. Sobald Schuldgefühle überhand nehmen und einen zu sehr quälen, bleibt man in diesem Tal der Reue gefangen. Wenn wir unserer Vergangenheit zu viel Bedeutung beimessen, führt das letztendlich nur zu Verzweiflung. Die Gegenwart aber ist das Wichtigste. Denn nur in ihr lässt sich unser zukünftiges Leben gestalten – Vergangenes ist dahin.

Natürlich müssen wir überhaupt erst einmal feststellen, dass wir in der Vergangenheit falsch handelten. Doch was wir damals taten, geschah unbewusst und darum ist man jetzt vielleicht bestürzt oder traurig. Im Tal der Reue aber wird einem bewusst: Schuldgefühle sind überflüssig. Sie beziehen sich immer auf die Vergangenheit. Doch die Vergangenheit ist wie Luft nach der man zu greifen versucht. Die Zeit lässt sich nicht festhalten. Sie entschwindet uns jeden Augenblick. Wir sollten also nach vorne sehen. Die Fehler von damals dürfen uns nicht mehr belasten. Wir kennen sie nun, um sie nicht wieder zu begehen. Doch sie gehören der Vergangenheit an. Wir sind davon befreit. Nur so erreichen wir das Ende dieses Tals der Reue. Was jetzt zählt ist die

Zukunft. Sie wird vollkommen anders sein, als alles was wir bisher erlebten.

Wer das Ende des Tals der Reue erreicht, wird ein anderer Mensch sein. Denn als er durch dieses Tal ging, entwickelte er sein eigenes Bewusstsein, ein individuelles, wahres Gewissen. Falsch zu handeln ist jetzt nicht mehr möglich, Kontrolle unnötig. Wenn man zuvor falsch handelte, so geschah das aus Unwissenheit. Gegen das neu gebildete Gewissen aber, müsste man hart ankämpfen, um die selben Fehler erneut zu begehen. Sicherlich blieben solche Bestrebungen sowieso erfolglos.

Wir erkennen jetzt, dass uns Gott mit wahrem Gewissen gesegnet hat. Es ist, was man im Innern gewonnen hat. Damit kann man sich weiterbegeben, in einen völlig neuen Lebensabschnitt. So kommt eine ganz neue Realität zum Vorschein: wahre Tugendhaftigkeit.

III. Das Tal der Hindernisse

Jetzt, wo man das wahre Gewissen erlangte, fällt einem erst auf, wieviele Stolpersteine sich auf dem eigenen Lebenspfad befinden. Unzählige Mauern bauen sich vor uns auf. Eine folgt der Nächsten. Doch ebenso öffnen sich darin auch Türen. Leider aber nur sehr selten. Diese Öffnungen müssen erst gefunden werden. Unterdessen aber wollen unzählige Hindernisse überwunden, beziehungsweise Herausforderungen angenommen werden. Mit welchen aber fangen wir an?

Al-Ghazali nennt vier große Hindernisse:

1. Unsere Begierden

Das erste Hindernis widersetzt sich uns, in der Welt der Begierden und Leidenschaften. Es ist eine Welt der verführerischen Sinnesobjekte, die in uns ein unstillbares Verlangen erzeugen.

Was alle spirituellen Traditionen unisono predigen: man erhebe sich über die weltlichen Versuchungen. Lässt man sich zu sehr verleiten und haftet den weltlichen Dingen an, bleibt kaum noch Energie, um Gott überhaupt zu begehren. So verschwendet man sein Begehren mit der Befriedigung niedriger Sehnsüchte. Wenn zum Beispiel einer auf Besitz aus ist, ein großes Haus, viel Geld auf dem Konto oder große Macht in der Welt haben will, investiert er all sein Begehren in die Welt der Dinge. So bleibt ihm aber kaum

Energie, sich um Spiritualität zu bemühen. Allerdings soll das überhaupt nicht heißen, dass alle weltlichen Dinge schlecht sind. Es erschiene einem Sufi einfach falsch, *gegen* etwas zu sein. Hingegen weiß er: die Dinge an sich, sind als solche gut. Wenn jemand auf der Suche nach wahrer Spiritualität ist, kann er es sich einfach nicht durch Weltliches aufhalten lassen.

Jedem von uns steht im Leben nur eine bestimmme Menge Energie zur Verfügung. Wir sollten also wissen, wofür wir diese Energie investieren. Denn damit lässt sich das Tal der Hindernisse passieren.

Als Mensch hat man sehr viele Wünsche. Jemand der aber wirklich weiterkommen möchte, muss all seine Wünsche zu einem einzigen, großen Wunsch zusammenführen und all seine Begierden zu einer einzigen Begierde machen. Dieses einige Begehren wird dann so mächtig wie ein großer Fluss. Die vielen Zuflüsse des Nil, machen aus ihm den größten Strom der Welt.

Wahre Spiritualität hat also erlangt, dessen Begierden ein einziges Begehren wurden. Ein Begehren nach Transzendenz.

2. Unserer Mitmenschen

Eine andere Barriere auf dem Weg durch das Tal der Hindernisse sind unsere Mitmenschen. Doch Achtung: niemals würde ein Sufi *gegen* irgendjemanden sein! Ein Sufi aber meidet emotionale Bindungen. Er weiß, dass wer sich etwas anschließt sich selbst Steine in den Weg legt. Auch die großen Weisheitslehrer der Gegenwart sprechen von dieser Gefahr. Jiddu Krishnamurti riet seinen Zuhörern, sie sollten sich keiner Gruppe oder Bewegung anschließen. Denn es führe doch nur zu noch mehr Meinungen. Als Mitglied der einen Gruppe ist man dann gefährdet, sich mit einer anderen Gruppen anzufeinden. Dieses Dilemma ist heute ja hochaktuell und scheint sich wie ein Gespenst durch die Welt zu bewegen. Wir haben alle möglichen Meinungen, denen wir uns anschließen können – doch die menschliche Gemeinschaft als solche, scheint an allen Ecken und Enden zu bröckeln. Trotzdem ist diese Thematik nicht ganz einfach, besonders wenn es um die Sufi-Orden (Tariqas) geht, wo der Sheikh als Oberhaupt ja ein Glied in der langen Kette der Meister (Silsila) ist. Was ein wahrer Meister jedoch versteht, ist seine Schüler an die Schwelle in das pfadlose Land der Wahrheit zu führen, ein Weltbereich, in dem sich jeder selbst zurechtfinden und selbst Verantwortung übernehmen muss. Sollten er oder sie sich also alleine aufmachen?

Nun – Al-Ghazali meinte nicht, dass man ein Leben als Eremit fristen soll. Nein. Das Zusammenleben mit unseren Mitmenschen ist die Grundlage menschlichen Lebens überhaupt. Man lebe also mit seinem Mann, mit seiner Frau, mit seinen Kindern, mit seinen Freunden. Nur sollten wir uns immer wieder erinnern: Wir sind wie Fremde in dieser Welt. Die Zusammengehörigkeit unserer Seelen basiert letztendlich auf Zufall beziehungsweise dem, was im Fernost das Wort Karma bezeichnet. Wir, als beseelte Menschenwesen, sind Reisende auf dem Lebenspfad, auf dem sich auch andere Seelen bewegen. Nur für kurze Zeit gehen wir einen Weg gemeinsam, und dafür sollten wir stets dankbar sein. Doch eines Tages trennen sich unsere Wege wieder. Einer stirbt und man wird nie erfahren, wohin sich seine Seele nach dem Tod begibt. Ein andermal wird man von seinem geliebten Lebenspartner verlassen, da er sich in jemand anderen verliebt hat. Das kann jedem von uns, jederzeit passieren.

Es ist wichtig mit Menschen zusammen zu sein

und liebevoll und mitfühlend mit ihnen umzugehen. Nur sollte man sich nicht in diese Verhältnisse verlieben. Denn das Tal der Hindernisse muss auch wieder verlassen werden.

3. Unser Denken

Viele unserer Gedanken sind ähnlicher Art. Sie wiederholen sich und hinterlassen über viele Jahre ihre Spuren in unserem Denken. Ständig stellen sie uns Fallen. Wenn sie zuschlagen, urteilen wir, sind zynisch und beginnen manchmal sogar andere für ihre Meinungen zu hassen und glauben dann wirklich, auch ein Recht darauf zu haben. Solch eine Mentalität ist natürlich schädlich. Doch sie kann auch nicht ad hoc ausgelöscht werden, nur weil wir hier oder dort davon hörten, an dieser oder an anderer Stelle darüber lasen. Geduld!

Unsere alt eingeschliffenen Denkmechanismen warten wieder aktiviert zu werden, denn nur dafür wurden sie geschaffen. Unser Wissen waltet über unser Bewusstsein wie ein Meister über seine Diener. Es bleibt dem Bewusstsein daher verwehrt, sich plötzlich gegen den Meister zu stellen. Darum nochmal: Geduld.

Wenn aus Denken Grübeln wird, nimmt es

diabolische Züge an. Kein Zufall, dass in all den vielen Geschichten über den Gehörnten, es um die Verführung des Denkers ging. Nur den Menschen kann der Teufel verführen. Ist der Teufel vielleicht sogar nur ein Synonym für das Denken an sich? Eine gefährliche Frage! Schließlich ist's er, der trennt, unterscheidet, urteilt und damit spaltet. Er war es ja angeblich, der Eva vom Baum der Erkenntnis von Gutem und Bösem zu essen gab. Von ihm erhielt der Mensch sein analytisches Urteil. Leider aber stehen sich Analyse und Kreativität diametral gegenüber. Wer Hindernisse überwinden will, muss jedoch kreativ bleiben. Man könnte sich ewig den Kopf darüber zerbrechen, wieso uns etwas stört oder am Fortkommen hindert. Doch wem nützt's, der sich tatsächlich auch weiterbewegen will?

Auch Jesus' Versuchung durch den Teufel, ist eine Allegorie auf die Verführungen, die dem Menschen durch das Denken aufgebürdet werden. Unser »Denker« spricht mit uns, in einem ununterbrochenen Dialog. *Er* bläut uns ein, dass wir schlauer, besser, mächtiger sind als andere. Doch dieser Denker meint auch, das wir Verlierer sind, dumm und unfähig. Wie wir die Welt beurteilen, so urteilen wir in Wirklichkeit auch im Denken über uns selbst. Denken entsteht überhaupt erst durch das gefällte Urteil. Ein Ur-Teil sogar! Ja, wovon eigentlich? Ist es etwas in uns, etwas außerhalb? Wenn Jesus dem Teufel entgegnete:

> Hinweg mit Dir Satan!
> - Matthäus 4:10

Sprach er damit zu jemandem außerhalb? Oder entgegnete er das den Irrungen seines Denkens?

4. Unser Ego

Einer der größten Stolpersteine auf dem Weg zur Erleuchtung ist das Ego. Sobald wir uns dem Sein ein wenig öffnen, steigt in uns das Gewissen auf und man bemerkt, wie sich das Ego breit macht. Auf einmal, wie aus dem Nichts, ergreift es Besitz von einem und lässt einen glauben, dass man wichtig ist. Das Ego schärft uns ein:

> Ich bin kein gewöhnlicher Mensch.
> Ich bin ein besonderer Mensch.

Man ist ja eigentlich sowieso schon außergewöhnlich, was eine unerschütterliche Wahrheit ist! Nur stellt das Ego diese Wahrheit auf die Probe. Und das ist ein Riesenproblem. Viel zu oft verteufeln wir das Ego darum. Doch ohne Zweifel ist es ein ganz sensibler Teil unseres Seins. Man bleibe dennoch wachsam, das einen das Ego nicht verleite. Es würde einen nur im Tal der Hindernisse gefangen halten.

Helfen Hindernisse?

Problematisch wird es wenn wir gegen die Hindernisse im Leben vorgehen. Wer versucht auf dem Pfad zur Erleuchtung Stolpersteine gewaltsam aus dem Weg zu räumen, schafft sich Feinde im Außen und im Innen. Wer gegen die hier dargestellten, vier Widerstände gewaltsam vorgeht, unterdrückt lediglich. Doch wie ein Luftballon, den man tief unter Wasser drückt, drängen sie aufwärts zur Oberfläche. Die Verlockungen, die Mitmenschen, das Denken, das Ego: sie alle lassen sich unterdrücken, doch bleiben trotzdem bestehen. Unterdrücktes entfernt sich nicht. Vielmehr wird was unterdrückt wird, immer stärker und gefährlicher. Man denke an all die unterdrückten Nöte der Menschen, die sich plötzlich zu einem gewaltigen Wutausbruch entstellen. Das hat die Menschheitsgeschichte zur Genüge gezeigt – bis heute.

Wenn wir gegen Hindernisse gewaltsam

vorgehen und versuchen, ihre Stolpersteine gewaltsam aus dem Weg zu räumen, bleiben wir im Tal der Hindernisse gefangen. Es ist nur logisch. Denn es gibt unendlich viele Widerstände und Hindernisse. Jeden Augenblick entstehen neue. Doch ebenso wenig können wir das, was sich uns entgegenstellt einfach ignorieren. Eher sollten wir die Hindernisse im Leben annehmen. Es sind Herausforderungen die uns besser machen – stärker, klüger und gewandter. Wir wachsen nicht indem wir gegen Widerstände ankämpfen, sondern indem wir ihre tatsächlichen Ursachen verstehen lernen.

Oft halten uns Emotionen der Liebe auf. Doch auch Emotionen des Hasses und der Abscheu hindern uns. Besonders unsere Feinde erzeugen starke Emotionen in uns. Darum vermissen wir selbst unsere größten Feinde, wenn sie sterben. Unser Feindbild nämlich hilft uns bei der Selbstdefinition und gibt unserem Leben anscheinend Sinn. Duldung von, wie auch Widerstand gegen Hindernisse: beides macht uns unbeweglich.

Ein klarer Blick, ohne Urteil, ohne Unterscheidung zwischen Gutem und Bösem, ist die Voraussetzung das Tal der Hindernisse zu verlassen. Nur durch Mäßigkeit lässt sich das große Werk vollenden. Ist der wachsame Geist weder freundlich noch feindlich gesinnt, versteht er was zu tun ist und kann auch tatsächlich handeln.

IV. Das Tal der Heimsuchungen

Bisher bestand die Aufgabe des Suchers darin, ein klares Bewusstsein zu erlangen. Dies geschah auf der hellen, der Tagseite des Lebens. Jetzt bewegt er sich zum ersten mal in die tieferen Gefilde seines Bewusstseins. Er betritt das Reich des Unbewussten: einen geheimnisvollen Bereich der Seele, ihre Nacht- und Schattenseite. Sobald sich der Sucher auf diese dunkle Seite schlägt, fangen die wirklichen Schwierigkeiten an.

Die Stufen ins himmlische Paradies führen immer weiter aufwärts. Ein beschwerlicher Weg. Je höher wir uns bewegen, desto gefährlicher wird der Absturz. Ein einziger Fehltritt bedeutet vielleicht das Ende. Nur wer aufmerksam und vorsichtig nach oben steigt bleibt sicher.

Die ersten drei Täler, die Al-Ghazali erwähnt, kann man nur alleine passieren. Man muss den Weg durch diese drei Täler alleine finden. Gleichzeitig bedeutet das aber nicht, jeder Mensch müsse hier durch. Es ist eine Möglichkeit und ein Vorschlag. Jeder muss selbst wissen was er tut. Es liegt in der Macht jedes Einzelnen, sein Leben zu etwas Besserem zu führen. Es wäre jedoch falsch andere Menschen zu überreden diesen Weg zu gehen.

Wer das vierte Tal betritt, findet nur mit Hilfe eines Meisters den Ausgang. Das Tal der Heimsuchungen ist von tiefer Dunkelheit erfüllt. Es ist der Eingang in eine Welt des Wahns. Ausgesprochen seltsam, was sich in diesem Abschnitt der Seelenreise ereignet. Es ist das, was der christliche Mystiker Johannes vom Kreuz (1542-1591) »die Dunkle Nacht der Seele« nannte. So lange man selbst noch kein eigenes Licht erzeugen kann, und das Herz unbewusst im Dunkel der Brust klopft, so müssen wir uns das Licht eines Meisters borgen. Während unsere Eltern uns das weltliche Dasein gaben, ist es der Meister, der uns zu ewigem Leben führt. Er ist jemand, der das Tal der Heimsuchungen bereits durchschritten und gelernt hat, in der Dunkelheit zu sehen.

Zweifel

Wenn einer kommt und sagt: »Gott ist« und ein anderer sagt, »das bezweifle ich«, ist das eigentlich kein Zweifel sondern Skepsis. Diesen Unterschied macht der Skeptiker jedoch nicht. Um sich der Blöße nicht zu stellen, sagt er lieber »ich bezweifle«. In Wirklichkeit aber bedeutet das: »ich weiß es nicht!«

Zweifel ist existentiell, ist lebenswichtig und entsteht in der Gesamtheit der Wahrnehmung. Ein Skeptiker verfügt nur über eine Ansammlung fixer Ideen, die aus seinem Verstand geboren wurden. Doch wem nützt Skepsis, wenn er sich durchs Dunkel bewegt? Wenn man nicht sieht, wohin ein Weg führt und man nicht weiß wohin man geht, da wird nichts mehr in Frage gestellt. Aber Zweifel steigen in einem auf, ob man noch dem rechten Weg folgt.

Bevor man das Tal der Heimsuchungen betreten hat, gab es Sicherheiten. Man kannte die Dinge, da man sie gesehen hat. Mit der Dunkelheit ist alles verschwunden und jeder Schritt ein Tappen. Hier beginnen Zweifel.

> Meine Suche nach wahrer Spiritualität war anscheinend nur ein Hirngespinst. Viel zu lange habe ich

mich mit Absurditäten befasst, dies geglaubt und jenes. Ich habe mich Dingen gewidmet, die mich garnicht weiterbringen, sondern nur mein Ego an der Brust des Stolzes nuckeln lassen.

Jetzt wird dem Sucher klar: er hat alles verloren. All seine Besitztümer, seine Macht, seine Lüste – alles ist dahin. Jetzt beginnen wahre Zweifel. An diesen Punkt kommt jeder, der sich auf den Pfad der Sucher begibt. Wenn sich dieser Moment ereignet, gewinnt man den Eindruck, man müsse sich gegen die Dunkelheit zur Wehr setzen, um sich vor den grauenhaften Schatten zu schützen. Man ist drauf und dran, wieder ins Bewusstsein zurückgeworfen zu werden – in die Welt des Sichtbaren. Dunkelheit reicht tief – Licht ist oberflächlich. Alles was wir draußen sehen sind Schalen, sind Reflexionen des Sonnenlichts. Die Sonne können wir nicht schauen: sie blendet, denn unsere Augen ertragen ihr Strahlen nicht. Wer aber lange in das Licht der Sonne blickt erblindet.

Ein tief gehendes Leben ist nur möglich, wenn man auch Dunkelheit ertragen und Momente absoluter Finsternis und Ausweglosigkeit für eine bestimmte Dauer hinnehmen kann. Wer sich stets Problemen entzieht, treibt an der Oberfläche abwärts – gefährlicher Weise oft unwissentlich..

Auf dem Weg durch das Tal der Heimsuchungen, hilft uns ein Meister sehen lernen. Er vermittelt uns, dass es nur nach Dunkelheit ausschaut, doch in Wirklichkeit keine Dunkelheit ist. Den Neumond sieht man nicht und doch schwebt er im Himmel.

Schlaf, Tod und Erlöschung

Der Tod ist Schlafes Bruder. Wer entschläft der stirbt für den Tag. Seine Seele entschwindet in die Dunkelheit der Nacht. Beim Einschlafen wird der Körper bewusstlos, während sich die Seele »auf den Weg macht«. Nur durch eine geheimnisvolle Verbindung, kann die Seele in den Körper zurückkehren. Man nennt sie die Silberschnur, womit die Seele am physischen Leib hängt.

> Ein Mensch geht zu seinem ewigen Haus (er stirbt) und die Klagenden ziehen durch die Straßen – ja, ehe die silberne Schnur zerreißt, die goldene Schale bricht, der Krug an der Quelle zerschmettert wird, das Rad zerbrochen in die Grube fällt, der Staub auf die Erde zurückfällt als das, was er war, und der Atem zu Gott zurückkehrt, der ihn gegeben hat.
>
> - Kohelet 12:6

Sobald sich diese Silberschnur vom Körper löst, stirbt ein Mensch. Sein Körper verschwindet. Was bleibt ist die Seele. Sie wird wieder geboren. Niemand kann genau sagen, wie oft oder wo sich diese Wiedergeburten der Seele ereignen. Doch sie nimmt immer wieder einen anderen Körper an, bis sie den Inkarnationszyklus auf Erden vollendet hat, um dann die Weiten des Kosmos zu durchmessen. Das nennen die Sufis Fanaa – die Erlöschung, Entwerdung.

> Alles, was auf Erden ist, wird vergehen (erlöschen).
> Aber das Angesicht deines Herrn bleibt bestehen –
> des Herrn der Majestät und der Ehre.
> - Sure 55:26-27

Körper und Geist lösen sich auf. Nur der innerste Kern des Bewusstseins besteht fort. Hiervon gewinnt der Suchende im Tal der Heimsuchungen seinen ersten Eindruck. Er kostet von der Todeserfahrung und was es bedeutet, wenn sich die Seele letztendlich in Gott auflöst. Wer sich diesen Erfahrungen aber widersetzt, wird zurückgeworfen in das Tal der Hindernisse. Umso schwerer dann, dieses Tal wieder zu verlassen. Schließlich fürchtet man sich vor dem Tal der Heimsuchungen. Ebenso wenig will man aber noch weiter zurück, will nicht mehr ins Tal der Reue.

Sich der Dunkelheit zu verweigern und den eigenen Tod zu verneinen, so als könne man ewig leben, zwingt einen, sich ewig mit Dingen zu beschäftigen, die einem im Weg stehen. Ganz gleich ob es Lust ist, andere Menschen sind, Grübeleien oder das eigene aufgeblähte Ego.

Jemand der in seinem früheren Leben einmal aus dem Tal der Heimsuchungen zurückfiel, kann in seinem gegenwärtigen Leben Tiefgründiges nicht recht ertragen. Versucht ihn jemand zu lieben oder mit ihm Freundschaft zu schließen, bekommt er es mit der Angst zu tun. Auch einem Meister zu folgen, ist ihm unangenehm. Er möchte einfach niemandem zur Last fallen. Alles was ihn erneut in das Tal der Heimsuchungen bringen könnte, empfindet er als Bedrohung.

Das Tal der Heimsuchungen ist ein besonderer Übergang. Es befindet sich in der Mitte der sieben Täler und bildet eine Verbindung vom Diesseits ins Jenseits. Da sich der Suchende vom Bekannten ins Unbekannte begibt, benötigt er die Hilfe eines Meisters. Der gleicht einem Fährmann, der einen aus dieser Welt auf die Insel der Seeligen übersetzt. Nur aber wer einen Seelenführer seines Vertrauens gefunden hat, kann die Reise auch antreten.

Der Meister

Vertrauen ist etwas ausgenommen Positives. Wer sich der Welt Gottes anvertrauen will, übergibt die Führung einem spirituellen Meister. Wer vertraut, der kann auch glauben. Hingabe und Vertrauen sind Voraussetzungen, das vierte Tal überhaupt betreten zu können. Darum sollte Hingabe eine Grundstimmung werden.

Mag sein, dass zu Anfang des Pfades, man keinen bestimmten Meister braucht. Man kann sich einfach "das Beste aus Allem" herauspicken. Man nähert sich etwas, dass einen interessiert, dann entfernt man sich wieder. Nur: was geschieht in Zukunft? Ist man vorbereitet auf die große Veränderung im Leben, auf das vollkommen unerwartete Ereignis? Leider können wir nicht darauf warten und hoffen, dass nach Eintreten eines solchen Falls, das Leben einfach so weiter geht wie bisher. Noch dass uns dann irgendjemand zur Seite steht.

Trotzdem will sich niemand auf das Unerwartete vorbereiten. Lieber verlegt man es auf unbestimmte Zeit, um es dann irgendwann mal zu erledigen.

Um aber das Tal der Heimsuchungen letztendlich zu passieren, muss man sich der Führung eines wahren Meisters anvertrauen, sich an eine Quelle der Weisheit begeben. Hier empfängt man eines Meisters Lehre, bevor man in Bedrängnis gerät.

> Wenn die rechte Zeit gekommen ist, steht das Haus in Flammen. Doch du hast versäumt den Brunnen zu graben. Jetzt beginnst du zu buddeln. Bevor du aber auf Wasser stößt, ist das Haus abgebrannt. Man muss den Brunnen graben, bevor das Haus Feuer fängt!
>
> \- Ein Sufi-Gleichnis

V. Das Tal des Donners

Im Tal der Heimsuchungen schloss uns der Schlaf die Augen und wir gingen ein in die Dunkelheit. Im Tal des Donners nähern wir uns dem Totenreich.

Was man im Tal der Heimsuchungen erfuhr, war das persönliche Unbewusste. Man verlor sich in der Dunkelheit – die Persönlichkeit blieb. Im Tal des Donners erfährt der Pilger nun das kollektive Unbewusste (ein vom schweizerischen Psychologen C. G. Jung eingeführter Begriff). Größte Angst steigt in ihm auf, denn hier verliert er seine Individualität. Sein Selbst beginnt sich aufzulösen. Das Gefühl sich als Mittelpunkt des Weltgeschehens zu erfahren, verschwindet. Dieses Gefühl ist so ungewohnt, dass es das Selbstbewusstsein in finsteres Grauen hüllt. Eine qualvolle Erfahrung. Nie zuvor, hatte man solche Angst verspürt!

> Sein oder Nichtsein; das ist hier die Frage:
> Ob's edler im Gemüt, die Pfeil und Schleudern
> Des wütenden Geschicks erdulden oder,
> Sich waffnend gegen eine See von Heimsuchungen,
> Durch Widerstand sie enden? Sterben – schlafen.
> - Aus Hamlet von William Shakespeare

Ein unerträglicher Zustand. Am liebsten flüchtete man wieder in das Tal der Heimsuchungen. Dort war es zwar ebenso dunkel, doch man fühlte sich noch, das Ich war noch da. Nun aber zerschmilzt es in noch größerer Finsternis, ist bald spurlos verschwunden.

Das ist *Fanaa* – die Entwerdung. Man erlischt. Hierauf muss der Pilger vorbereitet sein. Nicht nur das: er sollte sich diesem Zustand, sogar in sehnlichster Erwartung öffnen! Denn Fanaa bedeutet höchstes Glück. Es ist was die Buddhisten *Ananda* nennen – die Abwesenheit von Unglück.

> Fanaa bedeutet zu sterben, bevor man stirbt.

Dem entgegen richtet sich der Gedanke »Ich

bin«, der eigentlich auf Unwissenheit basiert. Sich selbst als Zentrum zu erfahren, rührt vom Ego her. Als Kind brauchen wir ein Ego, um uns in vollem Maße in der Welt behaupten zu können. Ab einem bestimmten Zeitpunkt aber steht uns das Ego im Weg. Dann drängt es uns in allerlei Schwierigkeiten, macht uns das Leben manchmal zur Hölle. Unserem Körper ermöglicht das Ego natürlich ein eigenständiges Leben zu führen. Irgendwann aber erübrigt sich seine Aufgabe. Wer darum am Ego festhält, sich an das Ich-bin-Bewusstsein klammert, kettet seine Seele an die stoffliche Welt. So macht er seine Seele zur Gefangenen des Körpers – der sie plagt und peinigt.

Das Ego vermittelt das Individual-Gefühl: »Ich bin etwas Besonderes«. Wenn andere das aber nicht anerkennen, fühlt man sich gekränkt. Wer darum das Tal des Donners durchqueren will, muss lernen ein gewöhnlicher Mensch zu werden – sogar ein Niemand!

Wir bewegen uns hier in einen sehr schwer fassbaren Bereich des Bewusstseins. Es ist ein Gebiet des Seelenlebens, dass nichts, aber auch gar nichts mit der gewöhnlichen Welt zu tun hat. Und doch:

man werde gewöhnlich! So einer zu werden, heißt aber keineswegs, dass man ein Nichtsnutz ohne Menschenseele werden soll. Es ist eher die Des-Identifikation vom Körper, vom »lebenden Ding«, über das uns unsere Mitmenschen mit unserem Aussehen und unserem Namen identifizieren. Ist es da nicht eigentlich absurd, dass ein Leichnam beweint wird? Denn wenn wir am Leben sind, haben wir zwar diesen Körper, doch wir sind doch nicht dieser Körper. Wir sind Bewusstsein, unbegrenzt, ewig und frei!

Was davon aber ist wesentlich? Was macht unser wahres Sein auf Erden aus, ohne all die Meinungen, Haltungen, Feind- und Wunschbilder, die wir über Jahrzehnte hinweg um uns schichteten?

VI. Das Tal der Abgründe

Hat sich der Körper also aufgelöst, wird er zu einer Erinnerung aus der Vergangenheit. Im Tal des Donners stirbt der Körper. Im Tal der Abgründe ist er bereits tot. Hier begibt sich der Körper des Suchers in den unerbittlichen Schmerz des Nichtseins. Er zerfällt.

Jetzt ist man nicht und man ist zugleich. Man

sieht seine eigene Leiche vor sich, ist tot und weiß trotzdem, dass man seine Leiche sieht. Ein Paradox. Es ist der Zustand der entwordenen Seele. Sie existiert fort, auch nach dem Tod des physischen Leibes. Von diesem Phänomen berichten solche, die klinisch Tod waren, doch in ihren Körper zurückgekehrt sind.

Als Kind erzählte mir meine Großmutter von ihrem wohl sonderbarsten Erlebnis. Nach einem schweren Unfall lag sie im Koma. Doch sie war sich wohl ihrer selbst voll bewusst. Gleichzeitig hatte sie das Gefühl, nie wieder lebendig aus dem Krankenhaus zu kommen und dort im Siechbett zu sterben. Von großem Schmerz umgeben, fühlte sie den nahenden Tod. Da spürte sie sich aus ihrem eigenen Körper im Bett erheben, und an die Decke des Krankenzimmers schweben. Von dort aus sah sie ihren bewusstlosen Körper auf dem Krankenbett liegen. Bald sah sie sich auf ein helles Licht zubewegen »und dort war jemand«. Doch dann kehrte sie zurück in ihren Körper.

All ihre vermuteten Vorstellungen vom Sein und vom Selbst verloren nach dieser Erfahrung ihre Bedeutung.

Bedauern und Dankbarkeit

Als Jesu sterbend am Kreuz hing, schrie er auf:

> Eloï, Eloï, lema sabachtani – das heißt übersetzt: Mein Gott, mein Gott, warum hast du mich verlassen?
>
> - Markus 15:34

Er beklagte seine Situation, in Furcht vor dem Tod. Niemand kam ihm zur Hilfe. Nicht einmal Gott reichte ihm die Hand. Er blieb unsichtbar. Doch kurz darauf fuhr er fort:

> Es ist vollbracht! Und er neigte das Haupt und gab seinen Geist auf.
>
> - Johannes 19:30

Als Jesus am Kreuz hängend an die Momente vor der Kreuzigung dachte, bedauerte er. Doch kurz darauf sieht er die Zukunft seines Werkes und ist dankbar. Dem »warum hast du mich verlassen«, folgt unmittelbar »es ist vollbracht«. In dieser Gegenwart sind Vergangenheit und Zukunft unmittelbar verknüpft. Jesus ist die Zeit, die aus der Ewigkeit kommt, ist wie die diesseitige Welt, die aus dem Jenseits kommt. Er ist beides: Mensch und Gott – sterblich und ewig. So oft wie er sich »Menschensohn« nannte, so oft nannte er sich auch »Sohn Gottes«.

Die Vergangenheit hinter sich lassen

Wenn man an die eigene Vergangenheit denkt, bedauert man oft, was sich im Leben ereignete. Man klagt über Unterlassungen und Fehler, über das was man besser getan und das was man besser nicht getan hätte. Die eigene Vergangenheit jedoch zu vergessen, bedeutet in die Zukunft zu blicken, sich zu befreien von Reue und Schuldgefühl. Damit steigt in einem großes Vertrauen auf. Man erkennt auf einmal, dass man sowohl dem Diesseits wie auch dem Jenseits angehört. In dieses Bewusstsein führt uns ein spiritueller Meister. Es ist einer, für den dieses Bewusst-Sein bereits zur Gewissheit geworden ist. Er steht mit einem Bein auf der Erde, mit dem anderen im Paradies. Die Lücke die er so überbrückt ist also nur sehr, sehr schmal.

Sobald sich der Wunsch zu Beklagen auflöst und an seine Stelle ein Gefühl tiefen Vertrauens tritt, transmutiert menschliches Bewusstsein in göttliches Bewusstsein. Die Vergangenheit wird bedeutungslos und der persönliche Wille löst sich im göttlichen Willen auf.

VII – Das Tal der Hymnen

Jetzt hat der Pilger seine Reise vollendet. Er hat das siebte Tal, das Tal der Hymnen erreicht. Es ist ein Ort des Jubels und der Freude. Wer hier ankommt, wird zu neuem Leben erweckt. Er wird unschuldig wie ein Kind, voller Vertrauen in die Welt die sich ihm zeigt.

Wie der Christus im verherrlichten Körper wiedergeboren wurde, so wird jener, der das Tal der Hymnen erreicht, in einem strahlenden Lichtkörper wiedergeboren. Hier lösen sich alle Gegensätze auf. Es ist wie wenn Materie und Antimaterie zusammenstießen: sie zerstrahlten in reines Licht.

Hier endet alle Dualität: Einer wird Eins. Es ist was die Hindus *Advaita* nennen: die »Nicht-Zweiheit« – die nicht-dualistische Form des Einen. Man erkennt nur die eine Wirklichkeit, als absolutes Prinzip, an dem alles Sein und jedes Wesen Anteil hat.

Al-Ghazali beschreibt das Tal der Hymnen als einen Ort der heiligen Gesänge, wo man dem Einen Lob preist: Allah.

الله

Es ist ein Ort der Wonne und der vollkommenen, ewigen Freuden. Hier nimmt die Lebensreise ihr Ende. Jetzt muss man nirgendwo mehr ankommen. Man ist hier und jetzt. Doch man ist und ist nicht zugleich – ist bereits, was man noch nicht ist und muss werden, was man bereits ist. Unser wahres Selbst ist nur versteckt. Es will in uns entdeckt werden.

Wer sich auf die Suche begibt und das Ziel dieser Suche erreicht, wird erkennen:

> Ich war schon immer derjenige, der ich jetzt bin, es war mir bisher nur unbekannt. All die vielen Sichtweisen und Meinungen, hielten den wahren Kern meines Selbst in Unwissenheit.

Über Al-Ghazali

Abu Hamid al-Ghazali wurde 1058 im chorasanischen Tus geboren, einer Stadt im alten Persien. Dort starb er auch im Jahre 1111. Heute zählt Al-Ghazali zu den bedeutendsten Sufi-Mystikern. Als wichtigster Berater des Seldschuken-Sultans Nizaam al-Mulk, ernannte ihn dieser 1091 zum Professor der Theologie an der Universität zu Bagdad (Madrasa Nizaamiyya). Dort erwarb er hohes Ansehen. Nach der Ermordung Sultan Al-Mulks, glitt Al-Ghazali in eine tiefe spirituelle Krise. In dieser Zeit wandte er sich ab von Theologie und Philosophie. Er begann sich dem praktischen Sufismus zu öffnen. All seine Titel, seinen Lehrauftrag gab er auf. Seinen gesamten Besitz spendete er den Armen und verließ im Jahre 1095 Bagdad, um als wandernder Derwisch seines Weges zu ziehen. Erst später kehrte er in seine Heimatstadt zurück.

Al-Ghazali verfügte über tiefgehende Kenntnisse der Werke aristotelischer und platonischer, wie auch islamischer Philosophie. Er empfand die Philosophie aber als schwer begehbaren Weg zur Wahrheit. Ihm lag mehr an der Praxis, als sich nur im Geiste zu bewegen. Praktische Verfahren waren damals wichtiger denn je. Menschen benötigten Hilfe, sich aus den Wirren ihrer Lebensprobleme zu befreien. Drum ist sein Vermächtnis bis heute hochaktuell geblieben.

Al-Ghazalis universale Lehre vereinigt zwei, sich

anscheinend widersprechende Aspekte: Er synthetisierte die Vorstellung einer durch Gott vorherbestimmten Welt, mit der Vorstellung, vom freien Willen des Menschen. Beide verschmolz er in seiner Lehre zu einem einheitlichen Weltbild.

Mevlana Rumi – Derwisch und Dichter

Dschallaladin Rumi wurde am 30. September 1207 in der heute afghanischen Stadt Balkh geboren. Sein Vater Bahaudin war ein Mann großer Gelehrsamkeit. Er machte sich aber unbeliebt, da er öffentlich die Erneuerungen des damals amtierenden Königs in Frage stellte, was Folgen hatte. Schon bald sah sich Bahaudin und seine Familie in Balkh nicht mehr sicher.

Sie flohen also nach Nishapur im heutigen Iran, wo Dschallaladin später dem großen Sufi-Mystiker Fareduddin Attar begegnen sollte – dem Dichter des berühmten *Mantiq ut-tair* – dem Parlament der Vögel.

Dschallaladin und seine Familie zogen später nach Ikonium, einst eine römische Provinz, heute eine Stadt in der südlichen Türkei: Konya. Dort erhielt Dschallaladin seinen besonderen Namen: Rumi – der Römer. Rumi verehrend pilgern jährlich riesige Scharen seiner Bewunderer an das Mausoleum in Konya.

Nach dem Tod seines Vaters, seinem ersten Lehrer, war Rumi bereits ein anerkannter Gelehrter, der an der konyaer Medresse (Universität) den Lehrstuhl für Philosophie inne hatte. Als einer der angesehensten Sufis seiner Zeit, führte er die Arbeit seines Vaters fort, besuchte Aleppo und Damaskus. Er stand in engem Austausch mit den großen Gelehrten und Philosophen seiner Zeit, war wie feuchter Ton in den Händen erhabener Meister. Rumis Mystik war von anderen großen Dichtern seiner Zeit beeinflusst. Neben Attar zählen zu ihnen Mystiker wie Sanai, Saadi und Nizami. Sie formten ihn und brannten ihn wie in einem Ofen der Selbstläuterung. Diese Metapher weist hin auf den inneren Kampf, den ein Sufi auf seinem Pfad, mit seinem Ego auszutragen hat. Jenes verborgene Feuer dieses Ofens der Selbstläuterung aber, nennt Rumi die Liebe. In ihrer flackernden Hitze verbrennt sich alles zu Asche, was Äußeres, was Schale des Egos war.

Schamsuddin

Zentrale Figur in Rumis Leben war sein geliebter Freund und Lehrer Schamsuddin Tabrizi. Dieser mysteriöse Weise trat plötzlich in sein Leben, auf das er großen Einfluss ausübte. Rumi und Schams – die Sonne, wie er kurz genannt wurde –

verbrachten Tag und Nacht an einsamen Orten, diskutierten das Sein der Dinge und die Liebesmystik all dessen, was die menschliche Seele im Austausch mit ihrem Geliebten, das heißt mit Gott, zu dem machte was sie für den Menschen ist. Doch sein enger Kontakt zu Schamsuddin beäugten Rumis Schüler mit Argwohn. Sie hielten Schamsuddin für einen gefährlichen Verführer den es auszutilgen galt. So kam es, dass Schamsuddin nach Tabriz floh, da es sonst wohl zu Tätlichkeiten gekommen wäre.

> Hör auf der Flöte Rohr – wie es erzählt, und wie es klagt vom Trennungsschmerz gequält: Seit man mich aus der Heimat Röhricht schnitt, weint alle Welt bei meinen Tönen mit. Ich suche ein Herz, vom Trennungsleid zerschlagen, um von der Trennung Leiden ihm zu sagen.
>
> - Aus dem Lied von der Rohrflöte

Viele seiner Verse schrieb Rumi nach der Trennung von Schamsuddin. Diese Trennung aber sollte nur vorübergehend sein. Dschallaladin folgte ihm nach und brachte ihn schließlich zurück nach Konya. Damit aber waren seine Anhänger überhaupt nicht einverstanden – allen voran sein Sohn. So floh Schamsuddin erneut. Diesmal wohl ins syrische Damaskus. Man kann nicht sagen ob sein Leben ein gewaltsames Ende nahm, sicher aber sah ihn Rumi niemals wieder.

> Das Angesicht von Schamsuddin, der Glanz von Tabriz, seine Sonne, in deren Spuren sich wolkengleiche Herzen bewegen.
> Oh Schamsuddin Tabrizi, Schönheit und Glanz des Horizonts, welch König ist mit Herz und Seele Dein Bettler?

Das Masnawi

In Amerika gilt Mevlana Rumi als meist zitierter Poet. Das Masnawi, ein 25000 Verse mächtiges Meisterwerk, gilt als Gebetbuch der drehenden Derwische. Es ist ein Werk persischer Dichtkunst, unübertroffener Schönheit. Es heißt, Rumi schrieb am Masnawi mehr als 43 Jahre. Oft saß er ohne zu schlafen auch Nachts, um neue Verse zu komponieren. Er rezitierte oder sang sie und sein Freund, der schöne Hasan, schrieb sie nieder.

Die Verse des Masnawi sind von tiefgründiger Mystik. Es ist darum auch kein Zufall, dass das Masnawi zu den wichtigsten Werken im Studium des Sufismus gehört. Viele der Zeilen sind einzig und allein der Fähigkeit zur Einsicht des Lesers überlassen.

Liebe ist still. Nur in der Stille können wir uns die Wahrheit über das große Mysterium der Liebe vergegenwärtigen. Immer wieder taucht in Rumis Versen dieses Sehnen der menschlichen Seele auf. Ein Sehnen nach der Vereinigung mit Gott.

Man sagt, die Liebe öffnet eine Tür
Von einem Herzen zum andern;
Doch wo es keine Mauer gibt,
Wo soll dann eine Türe sein?

Ohne die Liebe
ist jedes Opfer Last,
jede Musik nur Geräusch,
und jeder Tanz macht Mühe.

Ihr sagt, er scheint verrückt zu sein -
Das kommt daher, weil die Musik, zu der er tanzt,
für eure Ohren nicht geschaffen ist.

Mevlana Rumi erkannte in allen menschlichen Aktivitäten einen ständigen Aufstieg zu immer höheren Ebenen, wo der Suchende seinen Seelenführern begegnet. Das Prinzip dieses Aufstiegs ist die universelle Liebe und Grundlage aller kosmischen Ereignisse. Er wusste, dass Freude in Zeiten des Kummers nur im Herzen gefunden werden konnte.

Wenn die Nacht der Sinne
Von der Sonne der göttlichen Liebe erleuchtet wird,

Was braucht man noch den Wächter?
In diesem Moment wird der Verstand verschwinden
Wie die Kerze vor der Sonne;
Denn wenn man versucht ihn an Gottes Tor zu bringen,
Ist der Verstand niedriger als Staub.

Intellekt ist manchmal wie ein einsamer, stinkender Esel der einen Stapel Bücher auf seinem Rücken trägt. Was nützt ihm all das Wissen? Ohne einen Freund auf Erden zu haben bleibt er allein.

Nafs: Die niedere Seele

Leibliche Freuden waren für Mevlana Rumi nur der Wunsch der körperlichen Hülle seiner Seele und darum ohne tiefere Bedeutung. Die Triebseele, die eng mit den Wünschen des Körpers in Verbindung steht, die *Nafs*, wie sie die Sufis nennen, sollte man erziehen, denn sie ist der Seelenteil der den Menschen zu niederen und bösen Handlungen veranlasst. Zwar ist der Verstand eine lehrende Kraft im Leben und absolut notwendig, um die triebhaften Wünsche der Nafs zu überwinden, doch er verliert vor der Liebe völlig an Bedeutung.

Wie für seine Vorgänger war für Rumi die weltliche Liebe nur eine Vorstufe für die wirkliche, himmlische Liebe. Deshalb beschreiben die Sufis die Liebe der Menschen auf Erden auch als die metaphorische Liebe. Das bedeutet, dass derjenige der Gott liebt, sich in der höchsten Stufe des Seins befindet. Abdul-Hassan Sumnun, ein bekannter Mystiker des 9. Jhd. aus Bagdad, sagte dazu einmal:

> Man kann ein Ding nur beschreiben,
> Das subtiler als das betreffende Ding ist.
> Nun gibt es aber nichts, dass subtiler als die Liebe ist.
> Wie also sollte man sie beschreiben?

Die Derwische des Mevlevi-Orden

Das Kleid, der hohe Hut und die sich weitenden Röcke der Drehenden Derwische, scheinen aus einer ganz anderen Welt zu kommen. Eigentlich eröffnet sich dem Sucher durch dieses Bild sogar ein Tor, wodurch ihm Wahrheiten zuströmen, die es in unserer gewohnten, alltäglichen Welt nicht gibt.

> Komm: lass uns dieses Tor ein Stück weit öffnen.
> - Rumi

In Herzen eines jeden menschlichen Wesens, liegt etwas verborgen. Es dreht sich darin ein Geheimnis. Alles Erschaffene ist mit diesem Geheimnis verbunden. Selbst die himmlischen

Sphären drehen sich darum. Doch da es ein Geheimnis ist, kann nicht jeder Mensch davon erfahren. Nur wer stetig bemüht ist, seinen Mitmenschen zu helfen, wird diesem Geheimnis allmählich näher kommen.

> Es gibt ein Selbst in mir – in mir selbst.
> - Yunus Emre

Es ist das, was die Inder das *Atma* nennen. Wenn einst am Eingang des Orakels zu Delphi stand: »Erkenne Dich selbst« – so will diese Aufforderung eben darauf hinweisen, jenes geheime Selbst zu finden, doch nirgends sonst als in den Tiefen des Herzens. Jenes Selbst aber ist unsterblich, ist ewig. Doch dieses ewig existierende Sein wollten bereits unzählige Gelehrte erklären – seien es Juden, Christen oder Muslime gewesen. Sie haben eben versucht ein Geheimnis für jeden verständlich zu machen. Wie aber soll man ein Geheimnis erklären, ohne dass sein Wesen offenbart wird?

Wer dieses Geheimnis des Herzens erreichte, schweigt; denn er weiß, was man nicht wissen kann und unbekannt bleibt. Es gibt eben keine Worte, die das Geheimnis beschreiben könnten. Mevlana Rumi aber kannte das Geheimnis. Er umschrieb das Unbeschreibliche in seiner Liebespoesie, in der Art des Tanzes und der Musik, wie sie bis heute die Mevlevi-Derwische praktizieren.

Gemäß seiner Verse, war Liebe für Mevlana wie ein großes, unauslöschliches Feuer. Ihm kann sich nichts widersetzen, doch es verbrennt alle Kreaturen und ihre Beziehungen. Doch es bedarf dieses Brennens, um ein wahrer Mensch zu werden – für all jene die aus Ton und Erde geformt wurden. Dies ist im übertragenen Sinne zu verstehen, denn was hier mit Feuer gemeint ist, ließe sich etwa mit jener Flamme vergleichen, die das Elixier in der Retorte des Alchemisten köcheln lässt. Der Mensch, wie auch alles andere Leben auf dem Planeten, sind in einem ewigen Prozess des Werdens. So auch sah Mevlana die evolutionäre Entwicklung des Menschen als noch nicht abgeschlossen. Schließlich wurde der Mensch geschaffen, um dereinst zu vollkommener Reife, Perfektion und Vollständigkeit zu gelangen.

So lange aber der Mensch von seinem Ego getrieben wird, kann er keine vollkommen gut handelnde, ethisch vollständige Person werden, einer der seine Mitmenschen und alles Leben auf der Welt bedingungslos liebt.

Denken ist zweitrangig. Was zählt ist die liebeserfüllte Strahlkraft jenes Herzens, von dem oben die Rede war. Selbst zu denken, dass man dieses Attribut bereits besäße, zeugt davon, dass man immer noch von seinem Ego irregeleitet etwas nachläuft, dass einem das Gefühl gibt, für andere von Bedeutung zu sein. Der wahrhaft perfekte Liebende, hat sich aber von allen positiven und negativen Gefühle und Gewohnheiten getrennt. Er hat stattdessen jene unerkannten, geheimen Bewusstseinsaspekte erkannt und angenommen, die die Essenz seines Seins ausmachen. Diese Veränderung aber erfolgt im Herzen des Sufis, in dem jener Wesenskern leuchtet – als feuriges Licht des Göttlichen.

Der Vollzug dieser Transformation seiner Existenz, erlebt der Sufi in seinem Geist, in seinen Zellen – gewissermaßen sogar in jedem Atom seines Körpers. Überall erfüllt ihn dieses herrliche Licht der Wahrheit, macht seinen Körper leichter, sogar transparent. Wir erkennen so jemanden an seiner Ausstrahlung. Doch mehr noch: manchmal begegnen uns Menschen, bei denen dieses Licht über ihre Körperlichkeit hinaus zu strahlen beginnt. Daher auch der Schein in ikonografischen Darstellungen Heiliger.

Wer diese Stufe der Erleuchtung erreicht hat, vor dem lüften sich die ersten Schleier der Wirklichkeit. Sie sehen hinter den Anschein materieller Hüllen, finden eine Wirklichkeit jenseits physischer Existenz. Dann sieht man die Dinge als tatsächlich existent. Das heißt: alles was ist, könnte auch ganz anders sein. Alle Probleme, Krankheiten, aller Zorn und Trübsinn, sind nichts als Projektionen unseres Geistes, der jedoch im Stande ist ein spirituelles Gewebe in unserer Wirklichkeit zu spinnen – auch ohne dass wir uns dessen je bewusst wären.

Wer das verstanden hat, wird auch erkennen, dass sich unsere Welt aus mystischen Strömen zusammensetzt. Das heißt, dass es generell jedem menschlichen Wesen möglich ist, sich durch die mannigfaltigen Dimensionen des Bewusstseins zu bewegen. Bewusstsein ist, wie viele glauben, nicht allein auf unser Denken beschränkt, doch erfahrbar, als eben jenes Geheimnis, von dem wir oben sprachen: der Lichtkern unseres Selbst, der unentwegt im Zentrum unseres spirituellen Herzens flackert.

Wer einen Apfel halbiert, findet darinnen Kerne. Halbiert man aber die Apfelkerne, findet man darinnen nichts als eben nur den Kern selbst. In dieser offensichtlichen Nichtheit, ist aber das Wesen eines ganzen Apfelbaumes gespeichert – wenn man den Samen nur aussäht. Und genau so war es ja auch viele Milliarden Jahre bevor unsere Welt entstand: im Anfang war Nichts die Essenz von Allem. Gott pflanzte eine spirituell-konzeptuale Uridee in die Nichtheit und es entstand die Einheit, bis im Urknall aus der Finsternis das Licht gebar, woraus sich Myriaden von Galaxien, Sternen und Planeten in unserem Kosmos manifestierten.

Was in diesem Urmoment der Weltentstehung vor sich ging, darüber sind sich bis heute Wissenschaftler uneinig. Die Sufis aber sprechen vom persönlichen Schicksal, das kein Mensch begreifen oder gar beschreiben kann.

Gott, inmitten vollkommener Einsamkeit, betrachtete aus seiner Wohnstatt, wie sich das Sein aus seinem geheimnisvollen Schatz der Weltordnung entfaltete und fand Gefallen an der Pracht seines lichtvollen Wesens. Ja, er liebte das was entstand und so breitete sich das erste Grundprinzip des Seins aus: die Liebe. In ihr verewigte er sein Bewusstsein, als vollkommene Form seiner Herrlichkeit.

Licht des Propheten Mohammed

Die Propheten und Heiligen aller spirituellen Traditionen in der Welt sind erfüllt von einem göttlichen Licht. Das nennen die Sufis das »Licht Mohammeds«. Im Islam gilt er ja als das Siegel der Propheten. Und da die Sufis ja insbesondere die Mystiker jener spirituellen Tradition sind, übernahmen sie dieses Konzept. Sie meinen aber letztendlich das, was auch im Buddhismus oder im Christentum als Licht des vollkommenen Menschen bezeichnet wird.

Jenes Licht, dass im universalen Gesetz des Göttlichen leuchtet, ist an sich unsichtbar, ja nicht einmal vorstellbar. Es ist die Essenz allen Seins, das die ewige Flamme allen Lebens nährt. Jene Essenz ist ein Synonym für die vollkommene Makellosigkeit der göttlichen Allgestalt. Wenn hier die Rede von einer Essenz oder göttlichen Substanz ist, darf man sich darunter nicht etwas Stoffliches vorstellen, nicht etwas, das sich sehen oder berühren ließe. Und doch ist in diesem Licht die spirituelle Existenz allen menschlichen Seins enthalten.

Im Wort Gottes entsteht alles unmittelbar. Wenn er sagt »sei«, so ist es. Gott wirkte so auf den empfänglichen Heiligen Geist, der sich zu dem verdichtete, woraus in der ersten Sekunde der Schöpfung Atome entstanden, die sich zu Molekülen und Kristallen formten, woraus die Sonne, Sterne und Galaxien unseres Kosmos entstanden.

Was nun den Menschen von anderen Lebewesen unterscheidet, ist der göttliche Funke der in ihm lebendig ist. Kurz: Menschen besitzen eine spirituelle Struktur die nicht von dieser Welt, nicht aus diesem Universum stammt, sondern Teil des göttlichen, ewigen Selbst ist. Darum sagen die Sufis, dass dieser Geist dem wesentlichen, wahren Selbst eines jeden Menschen entspricht. Es stammt aus der Welt der hohen Geistwesenheiten und Engel und offenbarte sich in körperlichem Weltgewand, als göttlicher Lichtfunke im Menschen.

Da nun die göttliche Gegenwart im Menschen, jener Seelenfunke, nicht von dieser Welt ist, dürfte es wohl nur natürlich sein, dass sie sich sehnt nach ihrer eigentlich himmlischen Heimat. Dennoch identifizieren sich die meisten Menschen mit ihrem Körper in einer greifbaren, gegenständlichen Welt. Doch auch so jemand sehnt sich nach etwas, dass sich jenseits seiner selbst befindet, seien es wertvolle Gegenstände, Anwesen, gesellschaftlicher Status oder Macht.

Aus jenem Streben nach der Vereinigung mit dem, was dieser Ursehnsucht zu Grunde liegt, kann tatsächlich großer Kummer entstehen. Wie auch sollte einer dies erkennend, nicht traurig werden? Sein innerster Seelenkern nämlich, sagen die Sufis, lebt wie im Exil, entfernt von seinem göttlichen Ursprung. Johannes vom Kreuz nannte das die »Dunkle Nacht der Seele«.

Die Klage der Rohrflöte

Die Mevlevi-Sufis verwenden das Bild von der Rohrflöte. Sie symbolisiert die Getrenntheit unserer göttlichen Seele, von ihrer wahren Heimat. Durch die charakteristische, melancholische Melodie, versucht der Flötist diese Sehnsucht auf seinem Instrument nachzuahmen – so als wimmere das Reet wieder ins Röhricht zurück, denn hier wurde es geschnitten.

> Ali sprach zum Gewimmer der Rohrflöte: 'wer trägt die Schuld für dein Leid, über wen beklagst du dich?' Sie sprach: Man schnitt mich vom dem Reet, mit süßen Lippen. Wegen des Trennungsschmerzes aber weine ich.' [...]
>
> Der Flötenbauer schnitt das Reet im Röhricht. Er

treibt sieben Löcher darein. Die Lippen des Flötenspielers berührten die Rohrflöte – sie aber rief um Hilfe. Was sie aber ertönen ließ waren nicht die Lippen, doch der Atem der sie durchhauchte.

- Rumi

Jenen Leidensweg der Rohrflöte, muss wohl auch der Mensch gehen. Nachdem seine Seele die Gefilde des Göttlichen verließ und die Form des menschlichen Körpers erhielt, begann sein Leid. Dies symbolisieren die Entstehungsphasen der Rohrflöte: sie wird als Rohr dem Reet entnommen, verlässt das Röhricht und erhält weitere Schnitte, bis es die Form der Flöte angenommen hat.

Gott erschuf alles Leben aus sich selbst: vom Einzeller zum höchst erhabenen Heiligen. Er hauchte ihnen seinen Atem ein. Dafür steht der Hauch der die Rohrflöte erklingen lässt.

Das Innere der Rohrflöte ist leer – ihr Klang aber ertönt durch den Hauch der Lippen die in sie blasen. Ein Ende ist die untere Öffnung der Rohrflöte, dass andere Ende ist der Mund des Flötisten. Wäre er ein Vollkommener, so hörte man am anderen Ende den göttlichen Klang.

Menschen gleichen dieser Flöte. Immer wenn

ein Mensch ein Vollkommener wird – ein wahrer Sheikh – wird aus ihm ein wahrer Mensch, einer der vor sich selbst in Sicherheit ist; einer dem sein Ego nichts mehr anhaben kann. Er wird zum Sprachrohr Gottes, sein Widerschein, steigt auf und vereinigt sich wieder mit seinem Gott, um seinen persönlichen Gang durch die Stufen der Evolution zu erfüllen.

Sufischer Drehtanz

Die Zeremonie des Drehtanzes der Mevlevi-Derwische ist ein Symbol: es deutet auf die Geschichte der Schöpfung des allmächtigen Urgeistes, das, was wir zuvor als das Licht Mohammeds bezeichneten.

Wie alles andere, entstand auch dieses Urlicht mit dem Befehl »sei«. Hiermit begann der Abstieg dieses Lichts in die Materie, was sich dereinst jedoch wieder daraus löst, was zur vollständigen Auflösung allen Seins führen wird.

Jenes Ab- und wieder Aufsteigen göttlichen Lichts, erfolgt auch im Menschen. Findet nicht auch unser Leben in diesem ständigen Kreislauf von Auf- und Abwärtsbewegung statt? Es ist aber nicht jener Seelenkern, jener Funke des göttlichen Urlichts, der sich da dreht, doch die Gedanken, die Gefühle und die physiologischen Kreisläufe von Atmung, Herzschlag und Lebenssäften.

Wie aber im Menschen, befindet sich alles im Universum in kreisläufiger Bewegung. Auch die Mevlevis drehen sich hingebungsvoll um ihre eigene Achse und sinken dabei in den Raum einer Wachsamkeit, ihrem eigentlich lichtvollen Ursprung gewahr zu werden.

Der Sufitänzer dreht sich zunächst mit gekreuzten Armen, dann allmählich öffnet er seine Arme und hält dabei die rechte Hand nach oben und den linken Arm nach unten. Eine Hand ist zum Himmel hin geöffnet, die andere zur Erde. Während des Drehens sehen die Augen des Tänzers auf die Finger seiner rechten Hand. Durch die Fixierung des Blickes auf die Hand, wird durch die Bewegung des Außen ein Zustand innerer Ruhe gefunden. So lernt er loszulassen statt gedanklich an etwas festzuhalten – ganz einfach, indem er sich dreht.

Bevor die Mevlevis ihren Tanz beginnen, sprechen sie ihren Lob auf den Propheten Mohammed. Denn im Loben des Propheten, preist man gleichzeitig den göttlichen Urgeist, der sich aus dem Abstrakten in die manifestierte Welt einsenkte. Wie Mohammed, gelten den Sufis auch alle anderen Propheten als Botschafter jener Reflexion eines lichtvollen, göttlichen Urgeistes. Wer den Propheten huldigt, der rühmt auch die Vollkommenheit Gottes.

Zur Flötenmelodie erklingt ein Paukenschlag – Ausdruck des ersten göttlichen Befehls: »Sei«. Wenn darauf nun die Rohrflöte einstimmt symbolisiert sie den göttlichen Hauch, der Unbelebtes zum Leben erweckt. Nun berühren die Mevlevi-Tänzer mit ihren Händen den Boden, wie der Körper Adams der zu leben begann berührt wurde, nachdem er den göttlichen Atem empfing. Sie folgen diesem Seinsbefehl und begeben sich nun auf den Pfad der Wahrheit. Auf diesem Weg begleitet ein Sufi-Sheikh einen Suchenden.

Eine Sufi-Erzählung über das Böse

Eine der genialsten Metaphern in der Geschichte der Religionen, die manche Sufis in ihren geheimen Kreisen seit Jahrhunderten erzählen, dreht sich um das Mysterium des gefallen Engels. Da wird zuerst die Frage gestellt, was es mit jenem Wutvolk auf sich hatte, das seine Gotteslästerer ermordete. Jene, die Gott in sich fanden, ebenso.

Wer tatsächlich Gott liebt, der scheint also immer zu leiden. Da kommt die Frage auf: Ist vielleicht Leid an sich die wahre Gotteserfahrung? Sind es Kreuz oder Galgen, woran Körper und Individualität erlöschen sollten? Leben die Gottverliebten für immer im Schmerz und führen ein Leben voll höllischer Qual?

Solche Fragen schockieren. Doch die folgenden Ausführungen sollen diese grausamen Behauptungen verständlich machen.

Die Sufis bezeichnen sich als die Gottliebenden. Sufismus ist der Weg der Liebenden, worauf sich seine Anhänger, als Reisende bewegen. Sie kehren auf diesem Weg heim zu Gott, durch die Mysterien des Herzens. Ein Sufi empfindet sein Verhältnis zu Gott, wie das eines Liebenden zum Geliebten. Diese Reise zu Gott findet aber allein im Herzen statt. Seit Jahrhunderten reisen Sufi-Meister, auf einem »Inneren Weg« zu sich selbst, um in sich mit Gott zusammenzutreffen.

Die Sufis sagen nun aber, das wer die Bedeutung seiner Liebe nur im Außen sucht, der will sich über sein Aussehen definieren, über seinen Wohlstand oder sein Vermächtnis in dieser Welt. Natürlich geht das einher mit Eitelkeiten und dem Wunsch sich selbst über andere zu stellen.

> Und wir hatten euch erschaffen, dann gaben wir euch die Gestalt; dann sprachen wir zu den Engeln: 'Werft euch vor Adam nieder' und sie alle warfen sich nieder. Nur Iblis nicht; er gehörte nicht zu denen, die sich unterwarfen. Er sprach: 'Was hinderte dich daran, dich niederzuwerfen, nachdem ich es dir befohlen habe?' Er sagte: 'Ich bin besser als er. Du hast mich aus Feuer erschaffen, ihn aber erschufst Du aus Lehm!'
>
> - Sure 7:11-12

Wie wir aber aus dem Koran erfahren, erschuf Gott die Engel. Er brachte ihnen bei, niemanden als ihn zu verehren. Danach erschuf er den Menschen. Nun befahl er den Engeln sich vor seiner Schöpfung zu verbeugen. Alle verbeugten sich daraufhin – bis auf Iblis, den Verzweifelten.

Das ist ja die Aussage obigen Koran-Zitats. Er verweigerte sich, konnte er doch alleine nur Gott lieben. Er war einfach nicht in der Lage, sich vor irgendjemandem sonst zu verbeugen, als nur vor Gott. War er damit nicht der einzig wahre Monotheist?

Diese gänzlich äretische, sicher aber berechtigte Behauptung, äußerte Al-Halladsch. Damit stieß er seinen Zeitgenossen ordentlich vor den Kopf. Ja – Al-Halladsch bezahlte damit sogar mit dem Tod. Was er da aussprach, ist weit mehr als Gotteslästerung. Er behauptete sogar, dass Gott dem Iblis einen geheimen Hinweis gab, sich vor Adam nicht zu verbeugen. So also verweigerte er sich dem Gottesgebot, wusste aber in sich, dass er in Wirklichkeit der loyalste aller Engel war. Dafür nahm er seine Bestrafung und den Sturz vom Himmel sogar in Kauf – allein um sich Gott in seiner unendlichen Treue zu ergeben!

So also meinte Al-Halladsch, dass wegen seiner Liebe zu Gott, der Iblis vom Himmel in die Hölle gestürzt wurde. Dort in der Hölle, jenseits seines geliebten Gottes, war der schlimmste Schmerz jedoch die Trennung von Gott. Eigentlich hätte sich Iblis aber doch Gott ergeben können und sich vor Adam verbeugen. Aber seine Liebe zu Gott war größer und hielt ihn davon ab. Da stellt sich nun die Frage: Was unterstützte den Iblis in seinem Schmerz? Es ist die Erinnerung an die Stimme seines Gottes, als er ihm befahl: »Fort mit Dir!«

Wenn Iblis sich aber weigerte, jemand anderen anzubeten als Gott, war er damit eigentlich ein perfekter Muslim, der dem islamischen Glaubensbekenntnis gerecht wird:

> La ilaha illa allahu (arab. لا إله إلا الله):
> Kein Gott außer Allah

Das heißt, kein anderes Wesen, schon garnicht aus Lehm, will er anbeten. So argumentierte der Sufi Al-Halladsch, dass als perfekter Muslim Iblis nur in der Hölle verbringen konnte – nirgendwo sonst.

Liebe besteht nur, solange Geheimnisse bleiben

Gott kann nicht erkannt oder erklärt werden, durch irgendeinen Aspekt des Göttlichen, denn er selbst muss ja keine Gebote befolgen, die eine Erklärung seines Wesens zuließen. Was Al-Halladsch aber mit seiner ungeheuerlichen

Behauptung andeutete, war einem Laien völlig unverständlich und somit war sein Ausspruch eine Gefahr für die damalige Gesellschaft.

Er sprach eine mystische Erfahrung aus, versuchte sie mit den Worten des Intellekts zu erklären. Wer aber sonst als er, sollte durch eine Beschreibung dessen, was sich nicht beschreiben lässt, seine Erfahrung teilen?

Dhikr: Auf dem Weg zum Licht Allahs

Dhikr ist die zentrale Praxis der Sufi-Derwische. Damit beabsichtigen sie ihr Herz von allen Versehrungen zu reinigen. Ihr Wunsch ist Raum zu schaffen, für die Liebe Allahs und ein Bewusstsein seiner universalen Größe. Der Dhikr, so die Sufis, bringt Frieden und Erfüllung – für einen selbst, wie auch für andere.

Im Dhikr praktizieren die Sufis, neben den fünf täglichen Pflichtgebeten, diese spezielle Form des Gebets. Nicht aber nur zu bestimmten Zeiten, sondern ununterbrochen. Der Gläubige führt im Schweigen ununterbrochen diese Form des stillen Gebets aus. Das ist in etwa mit dem Herz-Jesu-Gebet in der christlichen Tradition vergleichbar.

Seiner arabischen Bedeutung nach, bedeutet das Wort Dhikr (auch: Zikr) das Gottgedenken (Dhikr Allah). Damit ist die meditative Vergegenwärtigung Allahs gemeint. Wie jedoch dieses Gottgedenken ausgeübt wird, darin unterscheiden sich die verschiedenen sufischen Orden (Tariqas).

Unter den Sufis, die Dhikr praktizieren, gibt es manche die mehr Wert auf einen stillen Dhikr legen –

eine Form stiller, meditativer Rezitation heiliger Worte und Verse. Anderen Sufi-Orden ist insbesondere der gemeinschaftliche, laute Dhikr wichtig, der, je nach Schulrichtung, wahrhaft ekstatische Züge annehmen kann. Darum ist das Wort Dhikr so bezeichnend: »vollkommene Hingabe an Allah.« Auch ist der Dhikr eine Empfehlung aus dem Koran:

> Siehe, das Gebet hält vom Schändlichen und Verwerflichen ab. Doch das Gedenken Gottes (Dhikr) ist wahrlich bedeutender.
>
> - Sure 29:45

> O die ihr glaubt, gedenkt Allahs in häufigem Gedenken (Dhikr) und preist Ihn morgens und abends.
>
> - Sure 33:41f

Über den wachsamen Atem

Meist wird der Dhikr in Harmonie mit der Atembewegung praktiziert. Der Sufi-Schüler beginnt dabei zumeist mit der Formel *Allah Hu* أللہ هو – Allah, Er ist. Mit jedem Einatmen im Geiste wird der Name Allah gesprochen – mit jedem Ausatmen das Wort *Hu*. Jeder Atemzug erfüllt dabei das Herz mit göttlichem Licht. Der Ort des so ausgeführten Dhikr liegt aber nicht in den Atemorgan an sich, sondern im Herzen. Immer wird der Dhikr im Herzen ausgeführt. Es gibt dafür einen Grund: gemäß der Sufi-Lehren, geht vom Herzen die größte Wärme im Körper aus. Und nur im Herzen können göttliche Lichterscheinungen empfangen werden.

Darum sollte der Suchende schnell und energisch atmen, um ausreichende Wärme im Herzen und im Blutkreislauf zu erzeugen, um das Blut zu erwärmen, damit es zu leuchten beginnt. Im freien Atmen befördert man den Namen Allahs ins Innere des Herzens und bringt die selbe Bedeutung, in transformierter Form, wieder nach Außen, im Aussprechen des Namen *Hu*.

Um das sogenannte Herzensdhikr auszuüben, vollziehen die Sufis diese heftige Stoßatmung, die sie verbinden mit Körperbewegungen und geistiger Konzentration. Grundvoraussetzung für einen wirksamen Dhikr, ist die rhythmische Ausführung oben beschriebener Praxis. Die mentale Konzentration auf das Herz, eine Rezitiation der heiligen Worte, Atmung und Körperbewegung, muss im Dhikr synchron ausgeführt werden. Es nützt nichts, den Namen oder die Atmung gleichzeitig auszuführen, während der Geist umherwandert, verstrickt in Erinnerungen und Sorgen.

Der Dhikr als Ergänzung zum islamischen Pflichtgebet

In der spirituellen Praxis der Derwische, die den Dhikr entweder laut gesprochen oder still im Herzen ausführen, können alle möglichen Formen von Segnungen empfangen werden. Dabei rezitiert der Sufi Verse der Suren, Heilige Namen oder andere im Islam relevante Verse (wie etwa das islamische Glaubensbekenntnis).

Zweck des Dhikr

Die Sufis glauben, dass wir, als spirituelle Wesen, von Dschinnen umgeben sind: das sind feinstoffliche Lebensformen, die uns zwar sehen, wir können sie aber nicht direkt wahrnehmen. Sie aber verfügen über Kräfte, die am Menschen gewissermaßen zerren und ihn ständig von seinem Weg abbringen. Das hat natürlich auch einen konstruktiven Aspekt, wenn sich jemand diesen Kräften widersetzt und damit quasi eine Art spirituelles Krafttraining ausübt. Für manche Sufis besteht diese Übung zum einen in der frommen Ausübung der fünf täglichen Pflichtgebete im Islam, während in der restlichen Zeit des Tages, ein andauernder Dhikr das Gebet ergänzt. Die

Sufis erinnern sich damit also ständig an die göttliche Wahrheit, von der, nach sufischer Auffassung, der Mensch ja ein Teil ist.

Je mehr nun der Sufi Allah gedenkt, je mehr kommt er in den Genuss göttlichen Segens. Hierher verweisen folgende Suren des Koran:

> O ihr Gläubigen, lasst euch durch euer Vermögen und eure Kinder nicht vom *Gedenken* an Allah abhalten. Und wer das tut, der gehört zu den Verlierern.
> - Sure 63:9

> Diejenigen, die überzeugt sind und deren Herzen befriedigt werden im *Gedenken* an Allah. Wahrlich, im Gedenken Allahs finden die Herzen Ruhe.
> - Sure 13:28

> [...] Allahs viel gedenkende Männer und *gedenkende* Frauen – ihnen allen wird Allah vergeben, für sie hat er großartigen Lohn bereitet.
> - Sure 33:35

> Allah hat die schönste Botschaft, ein Buch, herabgesandt, eine sich gleichartig wiederholende Schrift, vor der denen, die ihren Herrn fürchten, die Haut erschauert; dann erweicht sich ihre Haut und ihr Herz zum *Gedenken* Allahs. [...]
> - Sure 39:23

> [...] Allahs zu *gedenken*, ist gewiß das Höchste. Und Allah weiß, was ihr begeht. [...]
> - Sure 29:45

Bei alle dem aber muss betont werden, dass das rituelle Gebet im Islam (Salaat), sowie das Lesen der Koransuren, dem Dhikr übergeordnet bleibt.

Trotzdem ist es für einen wahren Sufi von großer Bedeutung den Dhikr auszuüben – sprechend in der Gruppe oder allein, sowie schweigend im Herzen. Keineswegs aber versucht der Islam den Gläubigen zur spirituellen Praxis zu zwingen, noch Weltliches wegen der Ausübung zu unterlassen oder zu meiden. Eher soll die Nähe zu Gott erzielt werden, um damit das Licht Allahs zu empfangen – durch Rezitation und Herzensgebet – auch dann, wenn der Sufi mit alltäglichen Aufgaben beschäftigt ist.

Ein wahrer Sufi wird den Dhikr immer ausüben, unter allen gegebenen Umständen. Ganz gleich, was er gerade tut: während er sich um seine Familie, seine Verwandten kümmert, während er arbeitet oder während er mit anderen Menschen Handel treibt. Er führt in seinem Herzen, ein ständiges Kreisen der heiligen Namen und Verse aus und handelt aus diesem spirituellen Zentrum heraus, um in der Außenwelt Gutes zu vollbringen.

> Wahrlich, in der Schöpfung der Himmel und der Erde und im Wechsel der Nacht und des Tages,

liegen wahre Zeichen für jene die verständig sind, die Allahs gedenken im Stehen und im Sitzen und auf ihren Seiten und über die Schöpfung der Himmel und der Erde nachdenken: 'Unser Herr, Du hast dieses nicht umsonst erschaffen. Gepriesen seist Du, darum hüte uns vor der Strafe des Feuers.'

- Sure 3:190f

In einer alt-islamischen Überlieferung heißt es hierzu:

Der Prophet Mohammed sprach einst zu Ibn Umar, einem seiner Gefährten: 'Wenn ihr an den Paradiesgärten vorrüberschreitet, nutzt diese Gelegenheit.' Da fragte Ibn Umar: 'Was sind die Paradiesgärten, oh Gesandter Allahs?', worauf der Prophet Mohammed antwortete: 'Die Versammlungen des Dhikr (eine Gruppe Frommer, die den Dhikr ausüben). Es gibt himmlische Engel, die nach diesen Versammlungen des Dhikr suchen. Sobald sie solch eine Gruppe finden, lassen sie sich dort nieder, um diese Versammlung zu umsäumen.'

- Aus Fiqh Us-Sunnah des As-Sayyid Sabiq, Band 4, Kapitel 6

La ilaha illa Allah

Einer der zentralen Gebetsformeln des Dhikr, ist der erste Satz des islamischen Glaubensbekenntnisses: La ilaha illa Allah – Es gibt keine Gott außer Allah. In den gesammelten Aussprüchen des Propheten Mohammed, den sogenannten Hadithen, heißt es dazu:

> Die beste Form sich an Allah zu erinnern, besteht in der Rezitation des Satzes 'La ilaha illa Allah.'
> - Aus Hadith des Isa At-Tirmidhi (825-892)

Daher das Wort Dhikr: die Erinnerung an Gott. In einem anderen Hadith heißt es, dass der Prophet Mohammed, einst zu seinen Gefährten sprach:

> 'Erneuert euern Glauben', worauf sie fragten: 'Wie können wir unseren Glauben erneuern?' Darauf antwortete er 'sagt immer wieder La ilaha illa Allah.'
> - Aus dem Fiqh us-Sunnah, des As-Sayyid Sabiq, Band 4, Kapitel 6

Man könnte darum durchaus sagen, dass man den Dhikr gar nicht oft genug ausüben kann. Mohammed sprach dazu in einem anderen Hadith:

> Die Stunde (das Jüngste Gericht) wird erst eintreten, wenn keiner mehr 'Allah, Allah' sagen wird.
> - Aus der Hadith-Sammlung des Muslim Ibn Al-Hadschadsch (Sahih Muslim)

Politur des Herzens

Für die Sufis ist Gott im menschlichen Herzen gegenwärtig. Der Dhikr aber ist das Mittel, sich diese göttliche Anwesenheit bewusst zu machen. Jenes Herz, von dem hier die Rede ist, ist etwas, dass sich über das organische Herz hinaus erstreckt. Es ist ein spirituelles Organ, dass aber im Dhikr tatsächlich auf das physische Herz des Praktizierenden zurückwirkt; er kann es spüren. In diesem spirituellen Herzen nun, sehen die Sufis einen metaphorischen Spiegel, der ihm erlaubt über das göttliche Geheimnis zu reflektieren.

Jeder Mensch verfügt über dieses spirituelle Herz, diesen geheimnisvollen Spiegel. Doch mit der Zeit setzt sich darauf eine, bisweilen starke Schmutzschicht ab. Es sind jene verdunkelnden Gefühle wie Zorn, Eifersucht, Neid und übermäßiges Verlangen, die die Oberfläche dieses spirituellen Spiegels verdunkeln. Der Dhikr aber dient als Politur, mit deren Hilfe seiner Oberfläche wieder Glanz verliehen wird, damit sich darin die göttliche Vollkommenheit widerspiegeln und den Sufi von innen heraus erleuchten kann.

Die Formen des Dhikr

Grundsätzlich kann der Dhikr auf drei verschiedene Arten ausgeführt werden: praktisch, verbal und still. Damit versucht der Sufi kontinuierlich, in seinem Handeln und Denken, sich hinzugeben dem Gedächtnis an Gott.

Der Heilige Name "Hu"

Praktischer Dhikr

Den sogenannten *Dhikr-e-Faily*, den praktischen Dhikr, führt der Sufi aus in seinem gehorsamen Handeln. Dies umfasst die göttlichen Gebote im Islam: Das tägliche Gebet, das Fasten zu Ramadan, die Pilgerfahrt nach Mekka (Hadsch), die Pflicht Almosen zu geben (Zakat) und im Sinne seiner Mitmenschen, karitativ zu handeln – und die Sitten, Bräuche, Werte und Normen seines Landes einzuhalten und entsprechend der Sunnah (Bräuche) des Propheten Mohammed, zu essen, zu trinken, sich zu bewegen, zu sprechen und sich zu kleiden.

Mündlicher Dhikr

Alles im Dhikr dreht sich um den Namen Allah. Doch auch die Anrufung eines seiner 99 Heiligen Namen ist üblich. Außerdem meditieren die Sufis im mündlichen, lauten Dhikr, über folgende Formeln:

- Subhan Allah سبحان الله – *Allah ist erhaben,*
- Al-Hamdulillah الحَمْدُ لله – *Lobet Allah,*
- Allahu Akbar الله أَكْبَرُ – *Allah ist der Größte,*
- Ya Allah يا ألله – *Oh Allah,*
- Ya Hu يا هو – *Oh Er,*
- Ya Hay يا حي – *Oh Lebendiger,*
- La ilaha illa llah لا اله الا الله – *Es gibt keinen Gott außer Allah.* Dieser Satz wird häufig auch durch den zweiten Satz des islamischen Glaubensbekenntnisses ergänzt,
- Muhammadun rasul ullah محمد رسول الله – *Mohammed ist der Gesandte Gottes.*

Die Anzahl der Wiederholungen der Namen beläuft sich normalerweise auf 11 oder 33. Um diese Anzahl genau abzuzählen, verwendet man ein Tasbih (islamische Gebetskette) mit 11, 33 oder 99 Perlen, die in Gruppen von je 11 unterteilt sind. Diese Anzahlen gelten auch für den stillen Dhikr.

Der laute Dhikr ist mit einer stoßweisen Ausatmung verbunden. Häufig wechseln dabei die Neigungen des Kopfes und Oberkörpers zur Seite. Im Stehen wird diese Bewegung durch ein rhythmisches Bewegen der Beine unterstützt, wobei sich der Oberkörper leicht auf- und abbewegt.

Die Flamme des Dhikr

Der persische Sufi Nedschmettin Al-Kubra (gest. 1221) spricht von einem Feuer, dass entfacht wird, durch das im Dhikr erfolgende Gottgedenken. In seinen Flammen verbrennt alles Dunkle im Menschen. Was Al-Kubra damit meinte, war aber keineswegs nur sinnbildlich: wenn dieses Feuer in ein Haus eindringe, so vernehme man »Ich, und kein anderer« (entsprechend dem islamischen Glaubensbekenntnis »La ilaha illa Allah«). Die Flammen aber verzehrten alles dort befindliche Brennholz.

Was aber ist mit dem Feuer, dass, laut muslimischen Glaubens, in der Hölle lodert? Die Sufis sehen darin ein schwelendes, dunkles und langsam verzehrendes Feuer. Das Feuer aber, dass der Dhikr entfacht, steigt auf und ist rein, hell und schnell lodernd.

Al-Kubra unterschied drei Stufen der Meditation. Darin kann der Sufi allerdings nicht nur positive Erfahrungen machen. Es ist gar eine Einweihung, in der der Murid manchmal an die Todesgrenze geriet.

1. Die Meditation über das Dasein

Al-Kubra beschreibt diese Erfahrung wie die eines Fürsten, der auf einem Feldzug in ein Land eindringt. Dabei hört der Sufi verschiedene Klänge: Posaunen und Pauken erklingen, worauf er das Rauschen von Wasser und Wind wahrnimmt. Was er dabei jedoch erfährt ist äußert heftig: sein Körper kann beginnen zu schmerzen und es bestehe sogar die Gefahr, dass seine Seele den Körper verlässt, die »silberne Schnur« durchreißt und er dabei stirbt.

2. Die Meditation, die das Herz berührt

In dieser Stufe stürzt der Sufi, in seinem Gottgedenken quasi ins Innere seines Herzens. Dabei stößt er vor in eine Stufe der Wahrnehmung, die ihn einzigartige Visionen erleben lässt.

3. Die Meditation über das Geheimnis

Hier spricht Al-Kubra vom Hineinfallen des Gottgedenken ins Geheimnis. Damit entschwindet dem Sufi sein aktives Bewusstsein und er geht vollkommen auf, in eben diesem Gottgedenken. Ab dieser Stufe bleibt jenes Gottgedenken beim Sufi – schwirrt in ihm, sozusagen als stille, automatische, lebendige Rezitation.

Stiller Dhikr

Ziel des stillen Dhikr ist das, was Al-Kubra als die dritte Stufe des Gottgedenkens bezeichnet: der Sufi strebt an, seine(n) Namen immerwährend zu wiederholen. Auch inmitten aller weltlichen Aktivitäten, fährt er damit in seinem Herzen fort. Aus dem Herzen heraus, erfolgt sein Gottgedenken. Die heiligen Silben die er dabei im Herzen rezitiert, entsprechen jenen des lauten Dhikr (siehe oben) und können auch mit den 99 Namen Allahs ausgeführt werden.

Die Spirituelle Praxis verschiedener Sufi-Orden

Den Weg des Sufi bestimmen generell vier Elemente:

1. Die Einhaltung der Schariah, des islamischen Gesetzes,
2. die Beachtung der Sunnah, der islamischen Gebräuche,
3. der Dhikr, das Gedenken an Allah und
4. ein besonderer Ehrencodex der Liebe.

Da nun aber die verschiedenen Tariqas (Sufi-Orden) ihre eigenen Formen des Dhikr ausüben, führen eben so viele Wege zu Gott, auf denen sich die Muriden (Sufi-Schüler) bewegen. Bei den berühmtesten Tariqas, wie der Qadiriyya, Chishtiyya oder der Sohrawardiyya, beginnt der Murid mit dem lauten, mündlichen Dhikr, den er später in den Herzens-Dhikr (Qalbi Dhikr) transformiert und dabei veredelt. Der Orden der Naqshbandiyya allerdings, führt den Muriden direkt zum Herzens-Dhikr.

Vom Segen des Dhikr

Von jeder guten Tat geht ein Segen aus. Und der guten Taten sind viele! Die Sufis aber sagen: »Das Beste das ein Murid ausführen kann ist der Dhikr.« Riesig sind die Segnungen die sich durch die Praxis des Dhikr gewinnen lassen. Wer diese Form der sufischen Meditationspraxis täglich übt, den umgeben bald Gelassenheit und Frieden.

Wer mit der Dhikr-Praxis anfängt, sollte sein Denken auf ein bestimmtes Ziel ausrichten. Welches Ziel das ist, sei jedem selbst überlassen, solange es zum Guten führt.

Der Dhikr an sich aber, hat eigentlich nur ein wahres Ziel: das Schauen göttlichen Lichts, dass aus dem eigenen, innersten Seelenbrunnen, in schillernsten smaragdgrünen Lichtern hervorstrahlt. Wer dieses erhabene Ziel erreicht hat, der kann sich wahrlich als Erleuchteten bezeichnen. Es ist ein langer Weg dorthin, teils beschwerlich – doch allemal lohnend – für den Sufi selbst, wie für jene, die ihn umgeben. Inshallah – wenn Allah will.

EXKURS: Die Siebenschläfer und der Herr des Sirius

Die Legende von den »Männern der Höhle« oder »Siebenschläfern«, ist im Westen seit frühchristlicher Zeit bekannt. Besonders aber Muslimen ist sie wichtig, erwähnt sie doch die 18. Sure des Koran: Al-Khaf – die Höhle.

Aus welcher Zeit die Geschichte tatsächlich stammt ist unbekannt. Es besteht jedoch Anlass zur Vermutung, dass sie sich im Zeitraum zwischen dem 3. und 7. Jhd. n. Chr. in Kleinasien ereignete, beziehungsweise sich dort wiederholte.

Mit den Siebenschläfern sind sechs Jünglinge gemeint, die ein Schafhirte mit seinem Hund zu einem Versteck in einer Höhle führte. Sie alle waren Christen. Viele Jahre zuvor, hatte der aus Tarsus stammende Apostel Paulus die Botschaft der christlichen Evangelien in Kleinasien verbreitet. Doch immer noch zwang man die Bürger des römischen Reichs, ihre Kaiser als Götter zu verehren und deren Götzenbilder anzubeten. Wer sich etwa zum jungen Christentum bekannte, wurde verfolgt, gefoltert und hingerichtet.

Die Legende von der lästigen Fliege

Sechs junge Edelmänner genossen die Gunst des römischen Kaisers Decius (201-251 n. Chr.). Eines Tages saßen sie mit Gästen am Hofe des Herrschers zu Tisch, als diesen plötzlich eine lästige Fliege störte, die sich von ihm auch nicht verscheuchen ließ.

> Nicht verjagen sie die Fliege.
> Sie umschwärmt ihn, sticht und irret
> Und verwirrt die ganze Tafel,
> Kehret wieder wie des hämischen
> Fliegengottes Abgesandter.
> - Goethe, West-östlicher Diwan

Kaiser Decius, der sich ja selbst als Gott bezeichnete, aß und trank jedoch wie ein Mensch und geriet wegen einer kleinen Fliege in Zorn – ja verlor fast den Verstand. Die klugen Jünglinge sahen darin aber ein Zeichen des erhabenen Weltenschöpfers: das Insekt war ein Abgesandter des Teufels. Sie wussten: die frohe Botschaft, die Paulus von Tarsus verkündet hatte, war die einzig wahre Religion. Im Koran heißt es dazu:

> Unser Herr ist der Herr der Himmel und der Erde.
> Außer ihm werden wir keinen anderen Gott anbeten,
> sagten wir sonst doch etwas Unrechtes.
> - Sure 18:14, Al Khaf, die Höhle

Sieben Heilige in der Höhle

Für ihren Glauben gaben die Edelmänner ihre hohen Stellungen auf und verzichteten auf alle Vorzüge ihres weltlichen Lebens am Hofe des Kaisers. Also entsagten sie dem Götzendienst und bekehrten sich zum Christentum. Doch darauf stand die Todesstrafe.

Auf ihrer Flucht trafen sie auf einen Hirten, den ein eigenartiger Hund begleitete. Das Tier wich seinem Herrchen nicht von der Seite. Es schien als erfülle dieser Hund eine höhere Pflicht, die darin bestand, die sechs Edelmänner und den Hirten zu begleiten.

Der Hirte kannte die Gegend hier sehr gut und führte die Flüchtlinge in eine geräumige Höhle, die sich im Berg Encülüs befindet, 12 km nordwestlich der südanatolischen Stadt Tarsus, nahe des Dorfes Dedeler (deutsch: »Großväter«). Dort versteckt, beteten die Jünglinge gemeinsam zu Gott:

> Unser Herr, gewähre uns Barmherzigkeit von Dir aus und bereite uns einen Weg in unserer Sache.
> - Sure 18:10, Al Khaf, die Höhle

Kaiser Decius aber machte ihren Aufenthaltsort

ausfindig. Auf seinen Befehl hin wurden sie dort im Jahre 251 n. Chr. eingemauert. Das aber war auch das Todesjahr des Kaisers.

> Und der Fürst, dem sie entflohen,
> Liebentrüstet, sinnt auf Strafen,
> Weiset ab so Schwert als Feuer,
> In die Höhle sie mit Ziegeln
> Und mit Kalk sie lässt vermauern.
> - Goethe, West-östlicher Diwan

Die sieben Heiligen fielen in tiefen Schlaf. Laut Koran, schliefen sie in der Höhle 309 Jahre lang. Ihr Hund aber lag wachend am Eingang.

> Du könntest sie für wach halten, doch sie schlafen; und wir werden sie auf die rechte Seite und auf die linke drehen, während ihr Hund seine Vorderpfoten auf der Schwelle ausstreckt. Hättest du sie so erblickt, würdest du dich gewiss vor ihnen zur Flucht kehren und wärest mit Grauen vor ihnen erfüllt.
> - Sure 18:18, Al Khaf, die Höhle

Gewiss erinnert die in der Sure beschriebene Sitzhaltung des Hundes, der »seine Vorderpfoten auf der Schwelle ausstreckt«, an den alt-ägyptischen Schakal Anubis – dem heiligen Wächter des Totengerichts. Der Schakal, als Verwandter des Hundes, war im alten Ägypten das Tier, dass man mit der westlichen Wüste assoziierte. Im Westen geht die Sonne unter, weshalb diese Himmelsrichtung seit Alters her mit dem Tod in Verbindung gebracht wird. Dort in der Unterwelt leben die Seelenführer, die in der alt-ägyptischen Mythologie eben Hunde, Schakale oder Wölfe verkörpern. Wie wir jedoch später sehen werden, steht hinter dieser Symbolik außerdem ein astrales Geheimnis.

Das Erwachen der Siebenschläfer

Lange nun, nachdem die sieben Heiligen in der Höhle entschlafen waren, stieß ein ansässiger Bauer auf die Höhle, deren Eingang jene alte Mauer versperrte. Er aber wollte sie als Schaftstall nutzen und entfernte darum das alte Mauerwerk.

Davor aber war den Heiligen in der Höhle der Erzengel Gabriel erschienen und erweckte sie aus ihrem hunderte Jahre langen Schlaf. Jener Erzengel war es auch, der der Mutter Maria ihre göttliche Empfängnis verkündete. Auch dem Propheten Mohammed erschien der Erzengel Gabriel und gab ihm die heiligen Verse des Koran ein.

Einer der sieben Heiligen auf jeden Fall verließ die Höhle, um für sich und seine Gefährten Brot zu holen. Er aber fand sich selbst in der Fremde und traf auf dem Weg niemanden den er kannte.

Einem Bäcker gab er eine seiner Silbermünzen, die noch eine Prägung mit dem Bild des Kaisers Decius besaß. Erstaunt darüber kamen mit dem Bäcker die Bürger des Ortes zur Höhle und fanden dort alle Heiligen lebendig. Sie erschraken aber über ihre furchterregende Erscheinung, strahlten ihre Gesichter doch in hellem Licht. Dann aber fielen sie erneut in tiefen Schlaf, woraus sie nie mehr erwachten.

Astrale Geheimnisse der Siebenschläfer-Legende

Seit alter Zeit assoziierte man die sieben Sterne des Großen Bären (Großer Wagen) mit den Heiligen der Siebenschläfer-Legende. Dieses Sternbild dreht sich unentwegt um die Pol-Achse des Nordhimmels, geht also weder auf noch unter – ganz anders als die 12 Sternbilder des Tierkreises. Da sie also dort stets um den Polarstern kreisen und in jeder klaren Nacht des Jahres, am Himmel sichtbar sind, sah man in ihren Lichtern, die Entsprechungen jener sieben christlichen Helden, die dereinst wieder erwachen um auf Erden zu erscheinen.

Die Höhle galt den Weisen des Altertums als

gleichnishaftes Bild des Weltalls. Hier weihte man die Initianten in die heiligen Mysterien ein. Die Fackeln die am Höhlengrund flackerten, standen dort an Stelle der Sterne. So war die Höhle ein inneres Weltzentrum der Einweihung. Damit kann die Höhle der Siebenschläfer durchaus als Allegorie auf den Himmel gesehen werden.

Im Mittelalter wurde die Sage der Siebenschläfer dann auch mit der Artuslegende assoziiert. Vom legendären König Artus glaubte man (dessen Name heißt im alt-keltischen *artos*, der Bär), dass er niemals starb, sondern mit sieben seiner treuesten Ritter in einer Höhle schläft, von wo aus er dereinst wiederkehren soll.

Ursprünge und Deutung

Die Legende der Siebenschläfer könnte aber sehr wohl älter sein, als die christliche oder islamische Überlieferung. Wahrscheinlich liegen ihre Ursprünge im buddhistischen oder hinduistischen Kulturkreis. Vielleicht kam die Legende später durch die alt-persische Religion der arischen Zoroastrier in den Westen. Auch in Nordeuropa war die Geschichte schon lange bekannt, bevor man sie mit jenen sieben Heiligen assoziierte. In frühchristlicher Zeit erzählte man sie darum vielleicht einfach neu.

Wenn es in Sure 18:18 nun heißt, dass »sie auf die rechte Seite und auf die linke sich drehen«, lässt sich daraus ein astrales Geheimnis ablesen: das Wenden nach Rechts und Links steht für die Bewegung der Planeten. Sie sind eben keine Fixsterne, sondern bewegen sich von Rechts nach Links, das heißt, im Uhrzeigersinn durch den Tierkreis – eben genau so, wie die sieben Hauptgestirne über den Himmel: Sonne, Mond, Mars, Merkur, Jupiter, Venus und Saturn.

Der Hund ist eindeutig assoziiert mit dem Hundsstern Sirius, fährt Sure 18:18 doch fort mit: »während ihr Hund seine Vorderpfoten auf der Schwelle ausstreckt« – das heißt, der Hund bewegt sich hier nicht, ist also fix. Schon im Altertum erkannte man in Sirius den hellsten Fixstern am Nachthimmel und nannte ihn auch den »achten Planeten«.

Den alten Arabern galt Sirius als Ursprung allen Glücks und Unglücks. Ähnliche Bedeutung maßen ihm auch die alten Ägypter zu. Nach langer Abwesenheit vom Nachthimmel, erwartete man sein Erscheinen sehnlichst. Denn mit seinem ersten Auftauchen vor Sonnenaufgang, begann die für die alt-ägyptische Ackerbaukultur, so lebensnotwendige Nilschwemme, von der eben Glück und Unglück des gesamten Pharaonenstaates abhingen.

Und er (Gott) ist es, der Herr des Sirius ist
- Sure 53: 49, Al Nadschm, Der Stern

Sieben kosmische Urkräfte

Aus Perspektive dieser kosmischen Zusammenhänge, hat die Siebenschläferlegende gewiss auch eine hermetische Bedeutung: Das Oben entspricht dem Unteren, das Unten dem Oberen.

Die makrokosmischen Geheimnisse der sieben klassischen Planeten und des Sirius am Himmel, äußern sich auf mikrokosmischer Ebene im Mysterium der Siebenschläfer und ihrem Hund in der Höhle. Er hütet die Körper der Sieben, während sich ihre Seelen frei bewegen. Eben so ruht Sirius als Fixstern am Himmel, während sich die sieben klassischen Planeten in kontinuierlicher Rotation bewegen.

Im hohen Norden bilden die sieben Sterne des Großen Bären die spirituelle Oktave zu den sieben klassischen Planeten, während die aufsteigenden

Astrallichter jener Seelen der Siebenschläfer, dem Glanz eines jeden dieser Wandelsterne zustreben.

So also stehen die sieben Erleuchteten der Höhle, die sieben Planeten und die sieben Sterne, die sich täglich um den Nordpolarstern drehen, gemeinsam im Kraftstrom von sieben kosmischen Urkräften. Dieser Strom des Lichts bündelt sich über diese drei spirituellen Oktaven, worin jeweils die astralen, planetarischen und seelischen Siebenheiten, in kosmischem Einklang ertönen.

Wenn nun die Sufis in ihrem Dhikr, gemeinsam die heiligen Verse des Koran und die göttlichen Namen Allahs singen, kommen auch sie in Resonanz mit den höheren Oktaven himmlischen Seins.

Vor diesem Hintergrund erhalten die sieben Strophen Al-Fatihas – der einleitenden Sure des Koran – natürlich eine ganz tiefsinnige Bedeutung. Es heißt, dass diese Sure besonders viel Segenskraft (Baraka) besitzt und von ihr große Heilkräfte ausgehen. In diesem Wissen singen die Sufis die Fatiha häufig in ihrem Dhikr – wohl auch im guten Glauben daran, dass die segnenden »Obertöne« jener höheren, heiligen Oktaven, in ihrem irdischen Dasein widerhallen mögen.

Al-Fatiha

1. Bismillah ir Rahman ir Rahim.
Im Namen des Allerbarmers, des Barmherzigen.

2. Al-hamdu lillah rabbi l-ʿalamin
Lob sei Allah, dem Herrn der Welten,

3. Ar-rahman ar-rahim
dem Allerbarmer, dem Barmherzigen,

4. Maliki yaumi d-din
der am Tag des Gerichts regiert!

5. Iyyaka naʿbudu wa-iyyaka nastaʿin

Dir dienen wir, und Dich bitten wir um Hilfe.

6. Ihdina s-Sirata l-mustaqim
Führe uns den geraden Weg,

7. Sirata ladhina anʿamta ʿalayhim gayri l-magdubi ʿalay-him wa-la d-dallin
den Weg derer, denen Du Gnade erwiesen hast, nicht derer, die dem Zorn verfallen sind und irregehen.

Amin
Amen

Printed in Poland
by Amazon Fulfillment
Poland Sp. z o.o., Wrocław

27197366R00086